国家自然科学基金项目（编号：41761029）
湖南省哲学社会科学基金项目（编号：12YBA261）

多维视角下
地方产业集群的
生成机制研究

王美霞 著

西安交通大学出版社
XI'AN JIAOTONG UNIVERSITY PRESS
国家一级出版社
全国百佳图书出版单位

图书在版编目(CIP)数据

多维视角下地方产业集群的生成机制研究 / 王美霞著
. — 西安 : 西安交通大学出版社, 2022.3
ISBN 978 - 7 - 5605 - 8924 - 4

Ⅰ. ①多… Ⅱ. ①王… Ⅲ. ①产业集群-研究
Ⅳ. ①F263

中国版本图书馆 CIP 数据核字(2021)第 193467 号

书　　名 多维视角下地方产业集群的生成机制研究
DUOWEI SHIJIAOXIA DIFANG CHANYE JIQUN DE SHENGCHENG JIZHI YANJIU
著　　者 王美霞
责任编辑 王建洪
责任校对 袁　娟
装帧设计 伍　胜

出版发行 西安交通大学出版社
(西安市兴庆南路 1 号　邮政编码 710048)
网　　址 http://www.xjtupress.com
电　　话 (029)82668357　82667874(市场营销中心)
(029)82668315(总编办)
传　　真 (029)82668280
印　　刷 西安五星印刷有限公司

开　　本 700mm×1000mm　1/16　**印张** 10.25　**字数** 209 千字
版次印次 2022 年 3 月第 1 版　2022 年 3 月第 1 次印刷
书　　号 ISBN 978 - 7 - 5605 - 8924 - 4
定　　价 68.00 元

发现印装质量问题,请与本社市场营销中心联系、调换。
订购热线:(029)82665248　(029)82665249
投稿热线:(029)82665379　QQ:793619240
读者信箱:xj_rwjg@126.com

前言

产业集群是经济地理学研究的核心主题之一，也是区域政策关注的热点。著名经济地理学家哈罗德·巴泽尔提出的产业集群多维分析框架从水平、垂直、制度、外部和权力关系等五个维度综合分析产业集群的发展，但该框架忽视了集群韧性这一重要维度。已有产业集群研究成果也很少对集群韧性进行定量测评；对产业集群形成机制的研究也多是基于单一机制的阐释，很少揭示集群形成和发展的多机制效应；对工程机械这一类型的产业集群时空演化过程和形成机制研究也很薄弱。基于上述背景，本研究以长株潭工程机械产业集群为研究对象，利用问卷调查法、深度访谈法、GIS空间分析法、数理统计等方法，梳理了该产业集群的时空演化过程，构建了产业集群“六维”分析框架，并基于该框架厘清了该产业集群的多维度特征，最后总结了该产业集群形成和发展的多重机制，提出了该产业集群优化发展的对策。本研究得出的主要结论如下：

(1)基于时空二元视角厘清了长株潭工程机械产业集群的发展脉络：时间上，产业集群规模经历了缓慢增长、快速增长、波动发展的变化过程；空间上，产业由空间分散状态逐渐演化到多核集聚状态，以长沙市长沙县的星沙—榔梨、岳麓区的银盆岭为主核心，以长沙市开福区沙坪、湘潭市雨湖区主城区、宁乡市东北部地区、浏阳市永安镇为次核心，空间分布格局与长株潭以工程机械为重点产业的产业园区的空间分布相耦合。该产业集群的发展历程大致分为四个阶段：20世纪60—80年代为萌芽阶段；20世纪90年代为初步发展阶段；2001—2011年为快速成长阶段；2012年以后为转型调整阶段。根据产业集群不同发展阶段的特征，基于产业集群生命周期理论判断该产业集群经历了起步期、成长期、转型期三个生命周期阶段。

(2)本研究构建了由水平、垂直、制度、外部、权力关系和韧性等维度构成的产业集群“六维”分析框架，实证研究发现该框架能较好地透视长株潭工程机械产业集群的发育特征。一是在水平维度上，规模以上主机生产企业数量呈现先增长后小幅下降趋势，在空间上呈现集聚分布模式，地域分异格局较稳定。本地新创企业、衍生企业等是该集群企业生成的主要模式。水平维度企业间并不存在明显的互动与合作关系，而是以竞争为主导，同时竞争带来了集群创新水平的提升，推动着集群的演化。二是在垂直维度上，核心企业的本地供应商在空间上呈现出显著的集聚分布模式，绝大部分供应商集聚分布在长沙市范围内。总体看，本地零部件配套能力弱，生产性服务业发展滞后，产业链不完善，垂直维度不发达。三是在制度维度上，地方政府持续的政策支持与有效的制度安排贯穿了长株潭工程机械产业集群发展的全过程。培育工程机械产业集群一直是地方政府的政策重点。四是在外部维度上，外部市场导向和跨地域联系驱动着长株潭工程机械产业集群的发展。该产业集群形成了基于供应链的跨地域生产联系。五是在权力关系维度上，长株潭工程机械企业间存在明显的权力不对称关系，核心企业处于集群网络中心位置并已嵌入全球价值链附加值较高环节，具有绝对技术优势并占据交易主动权，是集群知识和技术转移扩散源。六是在韧性维度上，该产业集群韧性大致呈现出波动变化到总体增长的变化过程。综合上述各维度特征来看，该产业集群还不是一个发育成熟的产业集群。

(3)长株潭工程机械产业集群形成和发展是多种机制综合效应的结果，且在不同发展阶段不同机制的影响力不同。具体来说，该产业集群是在区域具备一定产业发展基础的前提下，通过偶然因素触发、衍生机制、集聚效应、政策干预、核心企业引领等多种机制形成和发展起来的。地方产业发展基础提供了该产业集群成长的潜力以及抵抗危机的能力。20 世纪 60 年代，浦沅和一机部建机所受政治因素驱动内迁至常德，后又搬迁至长沙，成为长株潭地区进入工程机械产业领域的偶然事件，“区位机会窗口”被打开。母公司衍生和创业衍生等企业衍生方式是促进工程机械企业数量增长的关键机制。市场需求是工程机械产业成长的持续动力，市场竞争促使核心企业走向国际化。随着本地工程机械企业数量增长，空间集聚效应显现，本地供应专业化程度提高，熟练劳动力增长，基础设施和其他资源逐步完善，有力地支撑了产业集群发展。核心企业主导着集群网络，发挥了集群“知识守门人”的作用，推动了集群权力关系、外部等维度的发展，其战略决策又影响着集群整体韧性。另外，制度安排为产业集群的形成和发展提供了制度支持。

(4)针对长株潭工程机械产业集群存在的垂直维度不发达、集群企业没有建立广泛的外部联系、中小企业自主创新能力弱、产业集群制度环境有待完善等问题，本研究初步提出要增强顶层设计，优化产业集群布局；提升本地配套能力，促进集群垂直维度发展；建立广泛的内外部合作网络，整合集群内外部资源；建立创新协调机制，提高产业集群整体创新能力；加强政策支持，完善产业集群发展环境等策略，以期尽快将长株潭工程机械产业集群培育为世界级产业集群。

本书是在国家自然科学基金(41761029、41761023)、2015年湖南省研究生科研创新项目(CX2015B132)、湖南省哲学社会科学基金一般项目(12YBA261)、湖南省教育厅科学研究一般项目(12C0318)等资助下完成的。本书各章节的内容安排如下：

第1章——绪论，介绍本书的研究背景与研究意义、研究目标与研究内容、数据来源和分析方法等。

第2章——基本理论与研究进展，介绍国内外关于产业集群的概念，归纳总结产业集群演化与形成机制研究的理论及其主要观点。综述国内外相关研究成果及不足之处，在理论归纳和文献综述的基础上，形成本书的研究思路。

第3章——长株潭工程机械产业集群时空演化过程，利用企业数量、从业人数、主营业务收入和利润总额等指标分析长株潭工程机械产业集群的规模变化，且分别基于县级和乡镇级两个尺度，分析长株潭工程机械产业集群空间格局的演变，并对产业集群与产业园区的空间耦合关系进行分析。根据上述结果并结合相关文献资料和访谈调查结果，总结长株潭工程机械产业集群的发展历程。另外，基于产业集群生命周期理论，划分该产业集群的生命周期阶段。

第4章——长株潭工程机械产业集群的多维度分析，构建产业集群的“六维”分析框架，从水平、垂直、制度、外部、权力关系和韧性六个维度，分析长株潭工程机械产业集群水平和垂直维度的增长，地方政策干预及制度环境建设过程，产业集群的外部市场导向及集群内外联系，产业集群内部的权力关系网络，以及产业集群韧性的变化规律。

第5章——长株潭工程机械产业集群形成机制，在第3章和第4章对产业集群演化过程和集群多维度分析基础上，基于产业集群形成机制相关理论成果，分析路径依赖、市场需求和竞争、集聚经济、核心企业、制度环境等对长株潭工程机械产业集群形成和发展的作用机制。

第6章——长株潭工程机械产业集群优化发展的对策，总结长株潭工程机械产业集群发展存在的问题，从政策引导角度提出优化发展的建议。

第7章——结论与展望，提炼了本研究的主要结论和创新之处，提出了本研究的不足之处，并尝试性地对未来研究进行展望。

受时间和作者水平所限，书中难免存在不足之处，欢迎读者批评指正。

王美霞

2021 **年** 8 **月**

目　录

第1章

绪　论

1.1 研究背景

1. 产业集群成为区域经济发展的重要推动力，但我国产业集群持续发展面临严峻挑战

区域经济发展是学术界和社会各界普遍关心的问题。国内外已有案例表明，产业集群是推动区域经济发展和竞争力提升的重要形式。产业集群有助于促进企业专业化分工协作、合理配置生产要素、降低创新成本、推进企业协同发展。国外的“第三意大利”、美国硅谷、印度班加罗尔，国内的珠三角、长三角、中关村等地，均涌现了不同规模、不同类型的产业集群，成为地方和区域经济发展的推进器。比如，我国浙江地区产业集群的销售收入已超过本地企业销售收入的一半[1]。

即便如此，我国产业集群发展也面临着严峻挑战。以前我国一些地区的产业集群发展是依赖于廉价的劳动力、工业园区体制和巨大的市场潜力等优势，主要依靠低价竞争模式。然而，近年来随着劳动力、原材料、土地等生产要素价格上升，低成本优势显著减弱，集群还普遍存在着产业集中度低、价值链中低端锁定、产业链合作不紧密、创新能力弱、集群品牌影响力不足等问题，严重影响了集群竞争力和可持续性的提升。此外，产业集群长期的粗放发展模式也带来了较为严重的资源环境问题。在这种背景下，我国产业集群亟须优化发展，才能突破现有困境。

2. 长株潭工程机械产业集群化发展迅速，但集群品质不高

工程机械是国民经济的基础性行业，也是国民经济建设的重要装备产业。湖南省是中国规模最大的工程机械制造省份，产品品种占全国工程机械品种的70%，其中混凝土机械、起重机械、环卫机械产量占全球第一。湖南的工程机械产业规模从2010年起连续多年保持全国第一。湖南工程机械产业集聚度较高，已经形成以长沙为龙头，长沙、湘潭为整机制造中心，株洲、衡阳为零部件配套支撑的产业格局[2-3]。2018年，三一重工、中联重科、铁建重工和山河智能4家企业同时入选“全球工程机械制造商50强”。依托这些企业，长株潭地区集聚了一批工程机械企业及配套企业，在全国乃至世界工程机械产业中具有重要影响力。湖南省“十三五”规划中，工程机械是湖南省建设“制造强省”要重点发展的12个产业之一，也是规划要延伸、扩展和提升的10大先进装备制造业重点产业链之一。工程机械作为湖南省重点打造的产业集群，目前仍面临集群发育不够成熟、产业发展制度不够完善等问题。梳理该产业集群的发展过程、特征和机制，能为上述问题的解决提供参考。

3. 对产业集群形成机制认识不清阻碍了集群的有效管理

中国的产业集群研究起步于20世纪90年代，研究者做了大量论述，各地政府也制定了众多的产业集群规划。实践证明，不少地方的产业集群发展政策并没有成功，

根本原因就是没有厘清产业集群的发展规律。比如将产业集群理解为企业在空间上的集中，将培育产业集群等同于“打造产业链”或“打造产业集聚区”，其目的仍然是追求成本降低、招商引资和规模扩张，甚至是在各种利益主体的博弈下发展“工业地产”“文化地产”或“科技地产”[2]，忽视产业集群发展中非常重要的企业合作互动、学习和技术创新。对于一些已经形成的产业集群，如何保持其持久发展从而避免衰落也是地方政府亟待解决的问题，而这需要对产业集群形成与演化机制进行研究。目前，研究者和政策制定者对这些问题都没有统一的认识，难以有效指导实践。

1.2 研究意义

1.2.1 理论意义

产业集群及其形成机制是经济地理学、区域经济学等学科研究的核心主题之一，是国内外学者长久关注的热点。长期以来，国内外学者基于不同的理论视角、国家或区域案例、研究方法等，对产业集群及其形成机制开展了大量的研究，得到了许多有价值的结论，在产业集群的识别、形成机制等方面取得了较多共识，也基本形成了产业集群研究的方法体系，并部分总结了特定国家或区域产业集群发展的实践经验与教训。这些研究成果为本研究提供了有益的理论和方法论的指导。然而，以往研究在产业集群的时空演化规律、多维特征、形成机制以及特定产业集群研究方面仍存在一些不足，尤其是缺少对产业集群多维特征和综合形成机制的总结。此外，特定产业的集群特征实证案例研究也需要进一步丰富。基于此，本研究将以长株潭工程机械产业集群为研究对象，揭示该集群的时空演化历程、多维度特征、形成机制等问题，以此总结工程机械这一特定产业类型的集群变化规律，具有一定的理论意义。

(1)本研究将构建产业集群“六维”分析框架，从垂直、水平、制度、外部、权力关系和韧性六个维度全面分析产业集群的发育特征，有助于深化对产业集群的多维性、复杂性、多尺度性的认识，并且能够检验这一集群分析框架在特定产业集群分析中的适用性。在产业集群各维度研究方面，国内外学者主要关注了产业集群的水平维度和垂直维度，少量研究分析了制度维度的作用，然而仅有这些维度不足以全面解释产业集群的特征及其成长规律。也有研究证实了产业集群外部关系的作用，但是对产业集群外部联系如何建立，如何影响集群形成与发展，并没有深入的探讨。已有研究过分强调企业之间和谐关系的重要性，实际上很多地方产业集群内企业间是不平等的权力关系，这种关系是理解集群如何运作的关键，但经常被忽视。此外，正式制度在中国产业集群发展中扮演着重要的角色，同时因政治体制的差异，中国的制度维度作用力性质又显著与西方发达国家不同，因此，制度维度是中国产业集群形成机制研究中必须特别重视的一个维度。值得关注的是，韧性是维持集群可持续发展的关键，但在国内外鲜有研究。总之，只有全面把握产业集群的多维度性质，才能更好地厘清产业集群的成长发展规律。国外学者已经对此有所尝试，著名经济地理学家哈罗德·巴泽尔提出的多维集群框架提供了一个理解产业集群多维性的途径，但这一框架没有考虑集群的韧性维度，集群韧性也缺乏定量的测评，而且该框架主要用于发达国家（主要是德国）的第三产业，在重工业集群中应用很少。基于此，本研究将构建"六维"集群分析框架，用于分析长株潭工程机械产业集群的多维特征。

（2）本研究基于时间动态、综合性视角，综合路径依赖、集聚经济、市场机制、权力关系和制度经济等相关理论，总结了长株潭工程机械产业集群在不同发展阶段的主要影响因素及其作用机制，不同于已有产业集群研究的静态性和截面视角，也弥补了利用单一机制解释复杂的集群现象不充分的缺陷。产业集群本身及其影响因素均具有复杂性、综合性、时空动态性。产业集群在其产生及演化不同阶段的影响因素及作用强度有所不同，也随时间及外界环境的变化而变化。现有相关研究成果多从静态的单截面角度出发，分析产业集群产生的原因，注重对产业集群及其演化在某一时点的影响因素的考察，而忽视从时间动态视角对产业集群演化的动态规律、多重机制进行剖析。基于此，本研究将从动态视角审视长株潭工程机械产业集群的时空演化过程，分析促成其形成和演化的影响因素的动态变化及作用机制。

（3）工程机械是中国重工业部门中具有世界重要影响力的部门之一，但目前对此类产业集群的研究，侧重对核心企业发挥的引领作用以及如何提升集群整体竞争力等方面，并且总体研究成果偏少，尤其对工程机械产业集群时空演化过程、多维特征以及形成机制等问题研究得还不够深入。基于此，本研究将以中国最典型的长株潭工程机械产业集群为案例，能够丰富产业集群研究的产业案例类型。

1.2.2　实践意义

长株潭城市群已初步形成了以开发区为空间载体的工程机械、汽车及零部件、生物医药、电子信息、轨道交通、新材料、食品加工等产业集群，但是这些产业集群普遍存在根植性不强、创新能力不够、相关和支持产业发展滞后等问题，影响着产业集群乃至整个城市群的竞争力提升、功能完善和可持续发展。本研究以长株潭城市群中经济实力强、产业关联度高、技术含量高的工程机械产业集群为研究对象，对该产业集群的演化过程、多维度特征、形成机制进行分析，将有助于把握该集群发展的历史和现状，为集群的调控和竞争力提升策略提供有益的参考。不仅如此，考虑到长株潭工程机械产业在全球同行业中的领先地位，本研究结果还将对提升中国制造在全球的影响力具有一定的意义。此外，当前我国各地政府均热衷于打造各类产业集群，并且已经形成了大量的工业产业集群，本研究的结论也将为其他地区产业集群的政策引导提供案例借鉴。

1.3 研究目标与内容

1.3.1 研究目标

基于当前产业集群研究的理论和现实背景，针对已有研究的不足，本研究拟达到以下研究目标：

(1)基于时空演化视角，厘清长株潭工程机械产业集群的时空演变特征和规律，归纳总结其发展历程。

(2)在著名经济地理学家巴泽尔所提出的多维集群分析框架的基础上，尝试加入韧性维度，构建“六维”集群分析框架，从水平、垂直、制度、外部、权力关系和韧性六个维度综合分析长株潭工程机械产业集群的成长和发育特征，从而判断集群的发育程度。

(3)在产业集群发展历程和多维度分析基础上，揭示出长株潭工程机械产业集群发展的影响因子，分析这些影响因子对产业集群发展的作用机制，最终总结出该产业集群的形成机制。

(4)针对长株潭工程机械产业集群发展存在的问题，以培育世界级产业集群为目标，提出该产业集群优化发展的对策。

1.3.2 研究内容

为达到上述研究目标，本研究拟从以下四个方面开展研究。

1.长株潭工程机械产业集群时空演化过程

基于工业企业数据库、行业统计数据、访谈和调查数据以及大量长期历史资料，利用不同时期企业的空间信息和GIS空间分析技术，分析长株潭工程机械产业集群的时空演化特征，归纳总结该产业集群的整个发展历程及各阶段特征，并基于上述研究结果判断该产业集群所处的生命周期阶段。

2.长株潭工程机械产业集群的多维度分析

基于长株潭工程机械产业集群发展的相关统计资料、历史背景资料以及政府部门和企业家等的访谈资料，利用“六维”集群分析框架，从水平、垂直、制度、外部、权力关系和韧性六个维度全面分析长株潭工程机械产业集群各维度的发展。

3.长株潭工程机械产业集群形成机制

基于长株潭工程机械产业集群的发展历程及多维度分析，找出影响产业集群形成与演化的主导因子，并且基于企业访谈和问卷调查资料以及不同时期的历史背景资料等，分析这些主导因子在不同时期对集群的作用机制，最终总结出长株潭工程机械产业集群的形成机制。

4.长株潭工程机械产业集群优化发展的对策

在上述研究基础上，最后提出长株潭工程机械产业集群优化发展的对策。

1.3.3 拟解决的关键问题

1.构建产业集群“六维”分析框架，揭示产业集群的多维特征

目前产业集群维度研究多侧重对产业集群水平、垂直和制度维度的分析，在外部联系维度和权力关系维度方面的研究较薄弱，尤其是缺乏对影响集群可持续发展的韧性维度的分析。本研究拟将韧性维度加入已有的产业集群多维框架，构建“六维”集群分析框架，并对韧性维度建立定量模型进行测度，从水平、垂直、制度、外部、权力关系和韧性六个维度分析产业集群的成长特征，从而明确产业集群的发育程度以及集群持续增长的动力。

2.识别产业集群在不同发展阶段的影响因素及其效应，厘清产业集群的形成机制

产业集群形成及发展的影响因素复杂多样，在集群演化不同阶段的影响因素及作用强度也不同，这些影响因素本身也随时间及外界环境的变化而变化。目前单一机制很难解释清楚整个产业集群的形成和演化规律。因此，针对产业集群的发展历程和各个维度的发育情况，综合多个理论视角识别产业集群不同阶段的影响因素及其作用机制是本研究的关键。

1.4 数据来源与分析方法

1.4.1 问卷调查与实地调查

本研究面向政府部门、企业管理人员进行半结构式访谈和问卷调查，调查于2017年10月至11月、2019年6月至7月进行。

实地调查的目的是了解集群企业建立的时间、背景和过程，重点企业家，企业的发展历史、重大历史事件，相关政策制度对企业的影响等。在访谈中，收集本地企业关系数据及其他利益主体的关系资料，包括供应链关系、技术合作和人员流动等，同时收集集群企业和集群外部联系的相关资料，以此分析产业集群的发展历史、集群形成与演化的影响因素及其作用机制等。

1.政府访谈

针对湖南省经济和信息化委员会(以下简称经信委)装备工业处、投资规划处等相关部门进行访谈，通过对主要领导的访谈，获取产业发展的相关信息。访谈内容主要围绕长株潭工程机械产业集群的起源、发展过程和水平，影响该集群在本地

形成和发展的重要因素，产业集群分布的主要产业园区间的合作与竞争情况，产业集群发展存在的主要问题及原因，政府在产业集群发展过程中发挥的作用，对产业集群未来发展的规划和建议等方面进行。

2. **企业调查与访谈**

(1)访谈企业的选择和访谈内容。调查企业的选择主要来自 RESSET 非上市公司规模以上工业企业数据库、企查查等网站及其他相关资料，首先提取长株潭地区的工程机械行业企业，然后利用百度地图对企业详细地址进行提取并核实。按照调查应包含大中小不同规模类型和主机生产企业、零部件生产企业，以及代理销售等产业链不同环节企业的原则，最终获取了 21 家典型企业作为调查对象(见表 1－1)。这 21 家企业已基本涵盖了湖南工程机械的龙头企业，包括三一集团、中联重科、山河智能、铁建重工等，另外，还有五新隧装、五新重工、三一重起、星邦重工、湘电重装等行业知名企业以及其他中小型企业。调查结果基本能够反映行业整体情况。调查对象是企业的管理层。企业访谈内容主要包括：企业的创立背景，企业的成长过程及影响因素，企业生产设备、原材料和零部件等主要生产要素来源及产品销售情况，与其他企业、机构的竞争与合作情况，企业发展过程中的优势、困难及解决的方式，企业面临的机遇与挑战及未来的发展战略等。

表 1－1 受访企业基本信息

编号	企业类型	受访人职位	企业创办时间	企业性质	是否上市	企业所在区县
01	主机生产	总裁助理	1994	私营	是	长沙市长沙县
02	主机生产	副总裁	1992	国有	是	长沙市岳麓区
03	主机生产	总裁办主任、工会主席	1999	私营	是	长沙市长沙县
04	主机生产	战略投资部基建管理员	2007	国有	否	长沙市长沙县
05	主机生产	董事会秘书	2010	私营	否	长沙市长沙县
06	主机生产	总经理	2007	私营	否	长沙市长沙县
07	主机生产	总经理	2002	私营	否	长沙市开福区
08	主机生产	综管办主任	2008	私营	否	长沙市浏阳市
09	主机生产	市场总监	2008	私营	否	长沙市宁乡市
10	主机生产	总经理助理	2008	私营	否	长沙市宁乡市
11	零部件制造	项目经理	2002	私营	否	长沙市宁乡市
12	零部件制造	会计	2011	私营	否	长沙市宁乡市
13	零部件制造	人事经理	2009	私营	否	长沙市宁乡市
14	零部件制造	副总经理	1994	私营	否	长沙市宁乡市
15	零部件制造	总经理	2014	私营	否	长沙市宁乡市

续表

编号	企业类型	受访人职位	企业创办时间	企业性质	是否上市	企业所在区县
16	代理经销商	销售经理	2007	私营	否	长沙市雨花区
17	代理经销商	销售经理	2005	私营	否	长沙市雨花区
18	主机生产	主任	2007	国有	否	湘潭市岳塘区
19	主机生产	总经理	2007	私营	否	湘潭市岳塘区
20	零部件制造	总经理	2003	私营	否	湘潭市岳塘区
21	零部件制造	总经理	2007	私营	否	湘潭市岳塘区

(2)企业调查问卷。针对上述21家典型企业的问卷内容主要包括:企业基本情况、企业发展影响因素评价、产业链各环节发展程度评价和企业合作伙伴信息等。

①企业基本情况:包括企业名称及曾用名、创办时间、企业性质(国有、私营、合作或其他)、是否上市、企业经营领域、企业地址及所属园区、企业落户园区的原因、企业落户园区的好处与弊端、企业其他生产基地及分公司、企业员工学历结构等基本信息,以及企业各生产要素来源和产品销售的地区分布、企业的技术来源、企业参加行业协会情况、企业与其他企业或机构的交流频率等信息。

②企业发展影响因素评价:主要按影响程度大小或信息描述符合程度进行打分,分值为1～5,分值越高代表影响程度越大或信息描述越符合实际情况,反之则代表影响程度越小或信息描述越不符合实际情况。

企业发展影响因素评价的具体内容包括企业在本地的生产经营环境、本地产业配套水平、企业和企业家能力、企业间竞争与合作、市场因素和制度因素等方面对企业的影响。其中,企业在本地的生产经营环境包括对地理位置、水电路网等基础设施、人力资源供给、商业环境、融资环境、创业氛围、生活娱乐、教育医疗设施等的评价;本地产业配套水平包括对企业是否容易在本地找到生产设备、原材料、零部件等供应商,租赁和维修企业、代理经销商、金融、咨询等中介服务机构,以及研发机构等配套企业或机构的评价;企业和企业家能力包括对企业家的决策能力、社交能力和企业的创新水平、产品市场竞争力、获取重要信息和知识的能力、市场应变能力及获取人才的能力等的评价;企业间竞争与合作包括对本地同行企业间的产品和技术差异程度,本地企业分工协作程度,企业与本地同行、上下游企业、大学或研发机构、中介机构、政府部门的交流与合作程度,以及与外地企业或机构的交流与合作程度的评价;市场因素包括本地、国内与国际的原材料、零部件、劳动力成本、行业技术、运输成本、产品价格和需求量等对企业影响程度的评价;制度因素包括地方税收与土地优惠力度、审批费用减免力度、贷款扶持力度、相关服务平台完善程度、第三方物流完善程度、人才引进力度、对园区建设与创新的支持力度、法律法规落实力度、对知识产权和私人财产权的保护力度、职能部门的廉洁高效等，以及国家的发展战略与规划、国际贸易壁垒和关税等对企业的影响程度的评价。

③产业链各环节发展程度评价：包括对长株潭工程机械的机型设计、关键零部件制造、系统总成、整机装配、产品营销（租赁）、服务支持、产品再制造等各环节发展程度的评价。

④企业合作伙伴信息：包括与企业具有各种合作关系的企业或单位的名称、地址、合作时间和频率、具体合作方式和内容等方面的信息。

在选定的21家典型企业中，共访谈21家，发放问卷21份，回收问卷17份，回收率81%，有效问卷17份，有效率100%。21家受访企业中，17家位于长沙市，4家位于湘潭市。从企业类型来看，受访企业中，工程机械主机生产企业12家，占57%；零部件制造企业7家，占33%；代理经销商2家，占10%。根据调查结果显示，21家企业中，4家企业创建于20世纪90年代，17家创建于2001—2011年。另外，访谈了之前在三一集团、中联重科等企业管理岗位工作过的4名员工，进行资料补充。

1.4.2　二手资料搜集与分析

1. 研究文献资料的分析

一是关于产业集群及其形成机制的相关研究文献资料。目前关于产业集群研究有大量文献，研究角度、方法等存在较大差异，有必要对已有文献进行梳理、归类和综合。通过收集和查阅相关书籍、期刊文献资料，进行系统归纳和整理，初步奠定本研究的理论基础。二是关于工程机械产业及长株潭地区产业发展的相关研究文献，通过这些资料了解长株潭工程机械产业的发展现状、特征、发展环境及问题等。

2. 历史文献统计资料的分析

本书的研究目标涉及长株潭工程机械产业集群的演化过程、多维特征和形成机制等，需要搜集的相关历史文献资料具体如下：

一是各级政府部门及相关产业园区制定出台的与工程机械产业发展相关的发展规划、政策、工作报告等。

二是与工程机械行业发展相关的统计资料，包括《湖南省志·工业综合志(1978—2002)》、《湖南省志·经济和社会发展计划志(1978—2002)》、1992年的《湖南省志·第九卷：工业矿产志·机械工业》、1996年的《长沙市志·第七卷》以及《长沙县志》等地方志资料；1985—2018年的《湖南年鉴》机械工业篇、1988—2018年的《长沙年鉴》工业篇、1992—2018年的《湘潭年鉴》机械工业篇等地方年鉴资料；1984—2018年的《中国机械工业年鉴》、《中国机械工业60年图鉴》、2000—2018年的《中国工程机械工业年鉴》、《中国工程机械行业志(1949—2005)》、《中国工程机械行业志(2006—2010)》等行业年鉴资料。

三是企业信息资料，包括三一重工、中联重科、山河智能等上市公司年报，以及其他企业介绍资料等。通过这些资料并结合访谈资料，了解与产业集群发展相关的社会、经济、文化和制度变迁，了解产业集群形成的历史背景、发展历程，并且为进行实地调研准备背景资料。

四是与全国及湖南工程机械产业发展相关的新闻报道、评论等资料。

1.4.3 其他分析方法

1. 描述性统计分析方法

首先，利用RESSET非上市公司规模以上工业企业数据库、企查查网站，以及三一重工、中联重科等上市公司各年份的年度报告，统计1998—2018年长株潭工程机械行业规模以上工业企业的企业数量、从业人数、主营业务收入等指标，对这些指标的总体变化趋势进行描述分析，以分析长株潭工程机械产业集群的规模变化。选取1998、2005、2009、2013和2018年的数据对上述指标进行县级、乡镇级两个尺度的统计，分析长株潭工程机械产业集群的多尺度空间演变特征。

其次，对问卷调查结果进行描述统计，对企业创立时间、企业技术来源、企业与其他企业或机构交流合作频率等基本情况进行总结描述，对企业的生产经营环境、产业配套水平、企业家能力、企业间的竞争与合作程度、市场需求影响程度等问题的总体打分情况及各分值比例进行统计，以分析长株潭工程机械产业集群水平、垂直、外部、关系等维度的发展。

最后，在长株潭工程机械产业集群结构分析与产业集群形成机制分析中，对三一重工和中联重科的衍生企业、对高速公路里程等关键数据信息等进行统计描述分析。

2. 线性加权法与熵值法

采用线性加权法和熵值法测算长株潭工程机械产业集群韧性。首先通过构建产业集群韧性维度指标体系，其次利用极差标准化和熵值法计算各指标的权重，最后利用线性加权法计算产业集群韧性综合评价值，分析产业集群韧性变化规律。

3. GIS空间分析

利用ArcGIS 10.2软件的空间统计工具中的平均最近邻指数(average nearest neighbor，ANN)，分别以长株潭工程机械主机生产企业和核心企业的供应商的坐标点为基础数据，计算得到企业的平均最近邻指数值及其显著性，分析主机生产企业和供应商的空间分布模式类型。

4. 内容分析法

利用内容分析法进行政策内容的定量分析和描述。梳理1998—2018年与长株潭工程机械产业相关的政策文件，利用ROST WordParser软件对政策文件内容进行词频分析，以分析相关政策要点，判断其对工程机械产业发展的影响。

1.4.4　技术路线

为达到本书的研究目标，本研究基于文献统计资料、企业数据库、问卷调查和访谈资料等，综合运用GIS空间分析法、数理统计等方法，分析长株潭工程机械产业集群的演化过程、多维特征及形成机制。本书的研究框架与技术路线见图1－1。

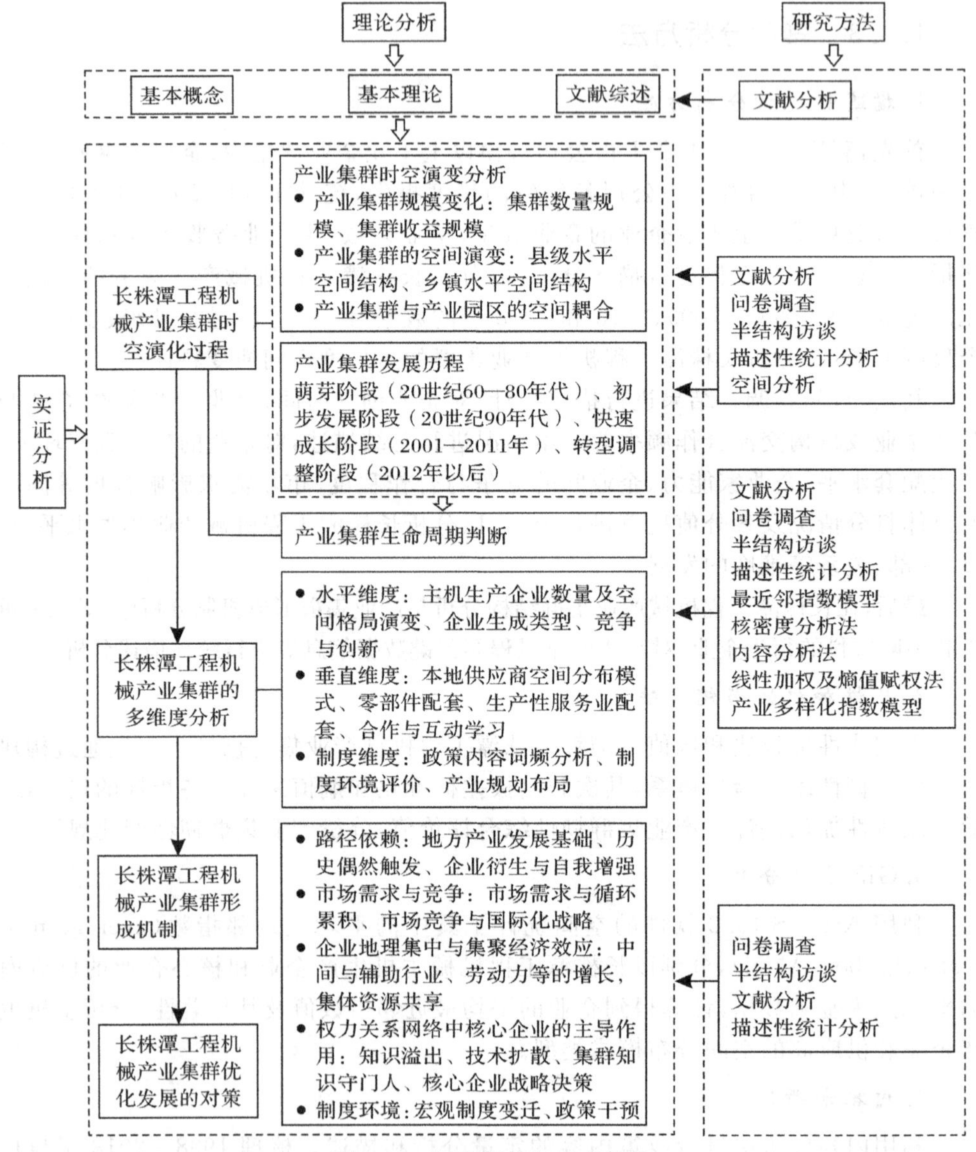

图1－1　研究框架与技术路线

第 2 章

基本理论与研究进展

2.1　产业集群概念

对产业集群现象的关注最早可以追溯到 1890 年著名经济学家马歇尔(Marshall)的著作 *The principles of economics*，他把专业化产业集聚的特定地区称作“产业区”，并最早提出一些产业为什么在空间集中的经典问题。他认为导致经济活动地方集聚的外部经济三元素是地方劳动力储备、知识溢出和中间产品供需联系，被称为“地方化经济”或“Marshall 外部性”。20 世纪 70 年代末，“第三意大利”的成功引起意大利学者的兴趣，最著名的是意大利社会学家贝卡蒂尼(Becattini)，他重新发现并丰富了 Marshall 的论点，并用 Marshall 的“产业区”概念来描述这些区域小企业集聚的特征[4]。

首次引入“产业集群”概念分析产业集聚现象的是波特(Porter)[5]，Porter 定义产业集群为一个特定产业领域的一组相互关联的企业和机构在地理空间上的集中[6]。由于 Porter 的主要贡献[5-6]，20 世纪 90 年代，集群概念变成了跨学科研究的热点。但是，也有一些学者强烈批评这一概念，马丁(Martin)等认为 Porter 的集群定义缺乏产业上和地理上清晰的边界[7]。戈登(Gordon)等也认为集群概念被使用的方式仍有很多含糊不清的地方，对经验检验和政策适当性的现实评估都是一个障碍，因此这个提法需要更细致的定义[8]。巴泽尔(Bathelt)认为应该从区域角度来透视集群，在区域中，集群是指通过交易和非交易相互依赖关系密切相关的企业及其支撑组织的地方或区域集中[9]。联合国工业发展组织提出集群是生产一系列相同或相关产品而面临共同的挑战和机遇的企业在部门和地理上的集中[10]。经济合作与发展组织认为集群是由创造价值附加值的生产链把相互依赖的企业(包括专业化供应商)、科研机构、中介、客户等联系起来而构成的网络[11]。

中国的集群实践、研究和政策起步于 20 世纪 90 年代末，研究者做了大量论述。王缉慈认为当前世界流行的集群概念和理论是在发达工业化国家某些区域的历史经验基础上提出的，而发展中国家工业化初期的所谓集群与前者有天壤之别，因此重申产业集群的概念为：产业集群是一组在地理上邻近而且相互联系的企业和机构，它们具有产业联系而且相互影响，通过联系和互动，在区域中产生外部经济，从而降低成本，并在相互信任和合作的学习氛围中促进技术创新[2]。仇保兴认为，从经济学的交易成本分析角度来看，集群就是一群自主权独立又相互关联的企业依据专业化分工和协作关系并在某一地理空间高度集聚所建立起来的组织，这种组织的结构介于市场和层级组织之间，比市场稳定，比层级组织灵活[12]。

综上，迄今为止，学术界对于产业集群的概念还没有统一的认识。国内外学者对产业集群的定义很多，没有一个统一的集群概念。然而，大部分产业集群概念都强调了集群的几个基本特征：一是强调企业地理集中，但地理集中是一个相对概念，没有明确的界定标准。二是强调产业专业化特征，集群内企业生产相同或相关的产品，并且集群内各主体之间的联系是建立在专业化分工基础之上。三是强调行为主体间的联系和互动，包括上下游的投入产出联系，以及企业与科研机构之间的互动等。因此，只集中在同一个地域而毫无联系的企业群体并不是产业集群，比如政府干预下将分散的企业集中在一起形成的工业园区，如果企业之间缺乏有效联系，就不是产业集群。本研究在借鉴已有概念及其内涵界定的基础上，定义产业集群为在生产上具有相似性或互补性的企业及相关机构在地理空间上的集中，集群内部主体之间以及集群内外通过生产、技术和市场等建立了各种联系。

2.2　理论基础

从 19 世纪末开始，国外学者就对产业集聚现象进行了观察和解释。本研究梳理了国外产业集群理论的发展脉络，总结解释了产业集聚、产业集群现象最具代表性的理论。在 20 世纪 90 年代之前，主要有 Marshall 的集聚经济理论、新产业空间/交易成本理论、新产业区理论。20 世纪 90 年代之后，又有非交易相互依赖理论、产业集群理论、路径依赖理论，以及全球网络理论的兴起。这些理论成果为产业集群研究奠定了丰富的理论基础。

2.2.1　集聚经济理论

Marshall 在 19 世纪末至 20 世纪初的著作对当代空间集聚理论产生了重要影响。他的想法来自他对英国专业工业区的观察，比如谢菲尔德的钢铁工业[13]。他提出了一系列推动产业集聚的关键因素，强调了当地小型企业集团如何利用其所在地区的集体资源来提升其产业竞争力。这些地区的供应链发生了大量贸易，并推动了本地供应-投入的进一步专业化。同样，面向该产业的技术工人和当地劳工群也发展起来了，更广泛地说，当地基础设施（运输、财产、服务、教育、培训等）也适应和支持本地产业的特殊需要。另外，通过集中的经济活动促进正式和非正式的面对面接触，从而导致有关经济活动所有方面的信息的转移，从而促进思想和创新的传播。总而言之，Marshall 论证了中间投入品的共享、熟练劳动力的增长以及技术外溢三个因素产生了集聚经济，也就是使位于特定集群中的各个企业获得了成本优势，这些优势有时也被称为外部经济，因为它们源于企业自身实践之外的情况，反映了当地环境的更广泛特征[13]。

2.2.2　新产业空间/交易成本理论

20 世纪 80 年代，Marshall 的工作被新一代经济地理学家和经济学家重新发现。1988 年，Allen Scott 对经济增长新兴地区进行了全面描述，他称之为“新产业空间”。Scott识别了三种类型的空间：专门从事特定商品或服务的高质量生产的中小企业密集集聚的新产业区(new industrial districts)、通过捕获高科技产业(例如生物技术、计算机、研发)得以增长的高技术区(阳光带)以及老工业区的灵活生产飞地(flexible production enclaves within old industrial regions)[14]。Scott强调这三种类型的区域都是一个共同的变化过程——生产再集聚——的结果，并且理论化了这种再集聚发生的方式，关键机制被他称之为“交易成本论”(transaction costs thesis)。简而言之，为了满足生产高价值商品的竞争需求，生产商需要不断改进产品、工艺、技能、技术等，并且要快速灵活地进行。这导致企业更倾向于通过一起工作来满足这些需求，而不是试图“在内部”(in-house)做所有事情。企业扩大了投入产出活动，这意味着更多的外部联系和交易(会议、供应、创意等)以及不断变化的合作伙伴。这些交易中的每一项交易成本都会随着距离的增加而增加，因此，答案是靠近潜在的合作伙伴和供应商，即集聚[14]。

2.2.3　新产业区理论

20世纪80年代和90年代，当欧洲的主要工业区经历去工业化和衰退之痛时，意大利东北和中部地区却呈现显著和持续增长态势，这些地区被称为“第三意大利”。对“第三意大利”增长的解释，成了区域发展理论家关注的焦点，尤其是成为意大利经济学家和地理学家关注的焦点。他们重新提出Marshall的产业区概念[4]，概述了一系列小城镇和地区如何成为陶瓷、皮革制品、服装和专业机械等一系列专业和高品质商品的国际生产中心[14]。Rabellotti描述了这些区域小企业集聚的特征：①企业的空间集聚和部门集中；②地方经济主体之间有社会文化联系，产生共同的行为准则；③物品、服务、信息和人员基于市场和非市场交换的垂直和水平联系；④有支持众多企业的公共或私营机构网络[2]。“第三意大利”产业区强调区域内企业之间的相互依赖、合作竞争以及经济参与者之间信任的重要性[15]。总的来说，新产业区有助于重新发现集聚经济的效应和一种产业结构形式，即中小型企业的密集网络[14]。

2.2.4　非交易相互依赖理论

1995年美国著名经济地理学者Storper建议进一步发展对生产再聚集或者称之为地域经济的理解。他认为揭示集聚中的可交易经济关系可能不足以解释该集聚的规模、形成过程和重要性，还需要引入经济集聚的社会和文化基础，或者可以称之为非交易相互依赖。非交易相互依赖是将公司联系在一起的非正式联系，并且由与特定形式的专业化生产相关联的无形技能、态度、习惯和惯例等构成。集聚可以促进在相同或密切相关的行业中工作的人之间激烈和持续的面对面交流。通过促进创新和知识交流，这些相互作用可能反过来对集聚中企业的成功产生非常实际的影响，因为地方化的人际交往被认为对于隐性知识的传播尤为重要。隐性知识是人们只能在现实生活中通过携手共事才能有效地创造和分享的知识技能，它通常与符号化的知识相对应——符号化的知识是通过以书面或图表等方式表达的观点或知识技能。符号化知识易于跨空间传播，而隐性知识在地理上更加黏滞，并且只能通过在当地不可交易的社会和文化氛围中亲身经历才能理解和认识[15]。

2.2.5 产业集群理论

Porter 的产业集群理论是当代经济地理学中生产再集聚的最新理论之一，毫无疑问，也是最具影响力的理论之一。1990 年，Porter 在《国家竞争优势》一书中引入了集群的概念，并指出集群是一个特定产业领域的一组相互关联的企业和机构在地理空间的集中。后来，这一概念在学界和政界都得到了普及[16]。Porter 认为产业集群是国家竞争优势的主要来源，并提出了解释国家竞争优势的钻石模型，该模型包含了要素(投入)条件、需求条件、相关的支持产业以及企业战略、结构和竞争四个基本因素，以及机遇和政府两个附加因素，地理集中使四个基本因素相互作用形成一个产业集群。

Porter 的理论促进了产业集群研究的发展，并受到了广泛的关注，且已经应用于世界各地[14]。经济地理学者认为 Porter 的贡献更具实用性，他使政策制定者和公司管理者信服集聚重要性的能力。Porter 认为集群是一个更好的分析单元，允许我们为国际竞争设计更好的政策，他声称“集群的健康对企业的健康是重要的”。然而，关于 Porter 的集群理论的新颖性和独创性的问题依然存在。比如，Martin 等认为 Porter 的集群理论更多的是一个分析的创造而不是实际，指责 Porter 的折中主义缺乏特异性(尤其是社会维度)和语境(将集群置于产业和创新的更广泛的动态中)[17]。尽管如此，Porter 的产业集群理论已成功用于解释一些新的产业空间、产业区或区域，并且仍在继续发展[14]。

2.2.6 路径依赖理论

20 世纪 80 年代和 90 年代初期，路径依赖的概念被引入经济学，特别是由于经济学家 David 和 Arthur 等人的研究而被人们所熟知。许多经济地理学家把路径依赖视为经济格局的“基本特征”之一[17]。路径依赖理论成为演化经济地理学最受关注的理论框架[18]。

根据 Martin 和 Sunley 等人的研究成果，David 和 Arthur 的路径依赖基本模式可以分为四个阶段。第一个阶段为“路径形成前阶段”，在这个阶段存在着相当大的范围和多样性为探索和发展新的技术、产品、产业制度、产业区位提供机会。然而探索过程大多是凌乱的，决策也是偶然的。在这个阶段，会有多种可能性供选择。第二个阶段为“路径产生阶段”，一个“关键事件”的发生使得一个特殊的发展机会或决策胜出(在David等的研究里,这种"关键事件"通常是历史意外或者偶然事件)。然后这个发展机会就会吸引其他行动者加入,或获得市场影响力,围绕这一活动的一个关键群体就建立起来了,发展路径就此形成。一旦这个关键群体达到某种规模或势能,这个路径就会进入"锁定状态",即进入第三个阶段——"路径锁定阶段",也即累积和自我强化阶段。第四个阶段是"路径中断阶段"。对于这些路径如何解锁、打破和分解,David等认为,技术、产业或者制度路径的中断、解除是由某种外部冲击造成的,这种外部冲击使系统不稳定,并为新路径的产生提供了机会[19]。

早期的企业由于历史意外在一个或两个区位发展起来,这种情形被Boschma等人称为"地方机会窗口"的"打开"。随后其他企业被吸引到这个地方落户,这些企业的存在又反过来吸引更多其他企业,于是该产业最终集聚在最初选择的地方。因此,一种产业最终的空间模式可解释为:由于早期的偶然事件和后续的空间选择路径依赖累积过程的结果[19]。

Boschma还构建了一个衍生模型,通过衍生过程模拟产业集群的形成。在Boschma的衍生模型中,新产业的每个参与者都是现有公司的分支。衍生企业位于母公司附近,并且不会迁移到其他地区。衍生模型描述了一个路径依赖的过程,其中小事件(早期随机的衍生)被正反馈放大(一个区域中的衍生越多,出现更多衍生的概率越高)决定了该产业的位置[20]。当一些地区偶然在早期产生大量衍生品时,该产业将在空间上集中,并且随后产生更多衍生品。但Boschma的衍生模型仍然不成熟:企业被视为是同质的;衍生过程中,能力从母公司转移到后代的机制并未被描述,即组织继承没起作用;企业动态仅描述为进入,而没有竞争和退出[20]。Klepper关于产业集群的衍生理论更具开创性,他基于组织再生产和遗传的思想解释现有企业衍生如何形成集群。Klepper认为,集群中的衍生公司往往优于其他类型的进入者,并且从母公司继承了更好能力的衍生企业具有更高的存活率[21]。他的理论很简单,在一个产业的形成阶段,一个地区很幸运地有一个或几个非常成功的进入者。当成功企业产生更多衍生企业,这些企业同时也是更成功的企业,当这些衍生企业与母公司位于同一区域时,集群就出现了。因此,集群的形成就是由于一些成功的母公司将自己的能力传递给同一地点的新一代衍生企业[21]。衍生企业可以分为母公司衍生型、创业衍生型[19],以及大学或研究机构衍生型等。

2.2.7 全球网络:非本地关系

上述理论强调了地方的重要性,在之后的理论研究进展中,新经济地理学关于经济知识的研究已经超越了本地化学习过程的限制,出现了新的研究主题——知识生产的非本地或外部维度[22]。

早在 Markusen、Amin 和 Thrift 等人的研究中，他们就批评了学者们在有关产业区的争论中对地方的关注，相反，他们强调了全球网络在维持产业区中的作用。Markusen 识别了各种类型的产业区，尤其是提出的“轴辐式”产业区，结合了地方优势和外部联系[23]。Amin 等人称它们为“Marshallian nodes”，是全球体系中社会互动的中心。这些节点因其多重角色而生存和发展——不仅在于归属的价值符号，而且在于它们的知识基础和它们提供接近产业区外的企业和市场的能力。Amin 等人认为生产的地方化和垂直非一体化应与全球化网络一起前行[24]。

关于非本地因素对集群和产业区发展的贡献，Bathelt 等人质疑经验证据能够在多大程度上表明：本地形式的网络比非地方关系更有利于企业和区域竞争力。他们使用“全球管道”(global pipelines)的概念来说明企业如何建立跨地方关系(交易、合作、研究联系等)，以获取对于长期生存和发展而言可能非常重要但不太熟悉的知识体系，并且是对创新过程有用的新思想和专家见解的来源。这些全球管道有可能补充和丰富集群自身的地域嵌入式学习过程和知识库——称为“本地 buzz”——包括信息流、八卦、面对面联系、共址等。“global pipelines”和“本地 buzz”视角将集群关系置于区域范围之外，强调更加开放的知识流动和多样化的空间视角[14]。

上述理论分别强调了企业为获取集聚经济效应、企业出于成本因素考虑，以及企业间的非交易相互依赖性、企业间网络关系、历史偶然事件、路径依赖以及非本地知识和技术在促进产业集群形成和发展中发挥的重要作用，这些观点为本研究分析案例地区产业集群的萌芽、发展与产业集群形成的影响因素及其作用机制提供了思路。

2.3 研究进展

2.3.1 产业集群演化过程

产业集群发展和变化的问题虽然一直是过去研究的课题，但与解释集群为什么存在以及完全发展的集群特征的静态研究相比，集群演化的动态观点受到的关注较少[25]。

近年来，学者们开始关注集群演化的动态过程和特征。集群演化研究一直在寻找适当的理论框架，许多人认为演化方法是适当的，因为考虑了路径依赖的过程[26]。近年来，集群演化研究方法已经从关于适应性、路径依赖和偶然性的非确定性演化视角[27-29]到更系统的集群生命周期视角，以此识别集群演化的触发因素和机制[30-32]。由于集群生命周期方法在寻找集群演化的一般驱动因素方面更加强大，更能够得出关于特定集群轨迹出现的情况的可检验假设[26]，因此，集群生命周期视角已经成为该研究领域的一个流行模式[25]。集群生命周期灵感来自更早期的(空间)产品生命周期、产业生命周期等研究。Bergman 认为集群遵循着一种有出现、增长和下降阶段的生命周期,而且不同阶段的特征不同[30]。

关于集群演化的生命周期阶段划分,不同学者基于不同的研究视角或不同的研究对象,对产业集群生命周期阶段的划分有所差异,但主要是三阶段、四阶段和五阶段等几种划分方式。Porter 对华盛顿电信产业集群的研究,将集群演化分为诞生、发展和衰落三个阶段[6]。盖文启将集群演化过程分为网络形成、网络成长和网络巩固三个阶段[33]。Menzel 等人以企业知识异质性为集群演化动力,构建了一个集群生命周期模型,该模型将集群生命周期分为出现、成长、维持和衰退四个阶段[32]。Tichy 将集群的生命周期划分成诞生阶段、成长阶段、成熟阶段和衰退阶段[34]。Van Klink 等人将集群周期描述为发展、扩张、成熟和转型阶段的进程[35]。李琳等从理论上将产业集群分为形成初期、成长、成熟和衰退四个阶段[36]。杜军等基于产业生命周期理论,指出海洋产业集群式创新发展需经历启动期、沉淀期、爆发期、成熟期和瓶颈期五个阶段[37]。

如何界定集群演化的新阶段?大多数学者都将企业数量和员工人数的差别,或者是企业的进入和退出的数量变化看作集群生命周期不同阶段的主要区别。比如,Brenner 就将不同外部条件变化下的集群企业数量的变化作为地方产业集群演化阶段的区别[31]。Trippl 等认为集群增长阶段是以领先企业的强劲增长和新企业的进入为特征,当集群平均的企业增长、进入和退出收敛于全国平均水平时,集群进入成熟期或疲惫期[25]。还有人认为,空间上和产业集中度的变化以及网络关系的转变是标志着集群进入新的发展阶段的结构性变化[38]。Menzel 和Fornahl 认为,在产业生命周期的开始阶段,不能观察到明显的空间集中。尽管有一些小的集聚,但新兴产业的公司在数量上是分散的。随着行业的发展,集群开始出现。普遍的衍生过程和集群企业的较高增长率导致整个行业的集中度增加。当强劲增长阶段结束时,产业变得更加分散[32]。Ter Wal 等人提出,在集群生命周期的各个阶段都包含不同强度的网络结构。在入门阶段,技术发展的不确定性使企业渴望依赖企业间的关系,而这种不确定性和对于谁是领域内的主要参与者的知识的缺乏,导致该阶段网络结构非常不稳定。由于这种不确定性,企业可能会通过选择新的合作伙伴或吸引来自不同公司的工程师来定期改变连接关系。在增长阶段,出现了主导技术设计,由于衍生和模仿行为,企业数量迅速增长,形成了稳定的核心-边缘的网络结构。网络中心的企业的生存概率更高,新进入者倾向于将自身链接到网络中的中心节点,导致最初位于网络中心的企业变得更加核心[39],网络位置较差的企业更有可能停止业务并退出集群[40],网络中的核心-外围模式得到加强。在成熟和衰落期间,稳定网络中企业之间长时间的互动往往会降低企业的能力差异,并可能导致认知锁定和网络僵化,许多企业退出集群。如果出现激进的技术突破,新的先驱者和新的进入者可能取代中心网络的地位,网络结构将彻底改变,可能会开始新的集群生命周期。国内学者池仁勇等将企业出生率、成长率和死亡率、集群网络联结度和集群产业配套度作为产业集群发展阶段的判断指标[41]。盖文启根据区域创新网络演进过程将集群演进划分为网络形成阶段、网络成长和巩固阶段、网络逐渐根植的高级阶段[33]。

2.3.2 产业集群多维分析框架

国外学者早已注意到产业集群的多维度特征，著名经济地理学家 Bathelt 认为早在 Marshall 的著作中已经描述了水平维度的变化如何刺激垂直维度的增长的过程[42]："如果一个人有了一个新观点，被其他人接受并结合他们自身的建议，那么它会变成未来新观点的来源。并且不久，子公司的交易在附近成长起来，为它提供装备和材料，组织交通，并在许多方面导致原料的节约。"其背后的观点就是，一旦一个专业化的产业集群建立起来，集群的企业发展出对专业化的服务和供应的需要，这产生了供应商布局在这些企业附近的动机[42]。Porter 在分析产业集群的范围时也区分了集群的水平和垂直维度[5-6]。Malmberg 等人认为集群理论必须包含对集群内部组织的解释，他强调了集群的水平、垂直和制度维度[43]。根据 Malmberg 等人的研究，从事类似活动的企业构成水平维度，提供相关活动的企业构成集群的垂直维度。水平维度上的企业不一定要相互作用，甚至可能相互憎恨，因此他们认为集群的存在原则上与内部交互程度无关，而主要是因为地方化经济。通过创建适当的垂直差异，集群可以开发出远远超出其任何成员能力范围的知识。随着知识的内在增长，新的经济活动成为可能，集群经济的发展，以及由此产生的内部市场的扩展，使这一过程自我加强。但是，他们也提出，在某种程度上，集群垂直维度的企业继续劳动分工可能只对整体知识的创造有利，在实证研究集群内部结构和增长时要牢记，只有通过集群企业数量的稳定增长，才能通过变异和劳动分工同时创造知识。集群的特定制度是作为对组成集群的企业所进行活动的特殊要求的响应而出现的，集群特定的制度通常是使集群内的企业对外部人员具有吸引力的先决条件。同时，"制度契合"本身并不是解释集群存在的一部分，相反，它有助于解释集群成功的路径依赖的发展轨迹以及集群可能结束的锁定状况[43]。

对产业集群多维度的研究最具代表性的、最为完善的是著名经济地理学家 Bathelt 提出的多维集群框架[44]。Bathelt 将集群分为水平、垂直、制度、外部以及权力关系五个维度。多维集群框架是在 Porter、Malmberg 和 Maskell 等前人研究基础上提出的。Bathelt 认为仅存在垂直和水平集群维度，不足以产生知识和增长，需要一个多维度的视角来解释为什么集群成长以及它们如何自我再生产[45]。因此，除了 Malmberg 和 Maskell 强调的水平、垂直和制度层面之外[43]，他还讨论了与企业生存所需的外部联系相关的外部维度，以及集群中经济参与者之间的权力关系[44,46-47]。Bathelt 提出，已有的一些研究实际上过分强调企业之间的和谐关系和邻近的重要性，他强调了集群企业间不平等的权力关系，这种关系非常重要但经常被忽视，而这是理解集群如何运作的关键[46]。运用多维集群的框架，Bathelt 分析了 20 世纪 90 年代莱比锡新媒体产业集群的起源，遗憾的是，他并未详细讨论所提到的所有集群维度，主要分析了莱比锡媒体行业的企业创业过程与影响企业区位决策的因素，并且重点关注制度层面以及政策在该集群重新兴起和发展中的作用[47]。之后，在 Power 和 Scott 于 2004 年出版的 *Cultural industries and the production of culture* 一书中，Bathelt 再次阐明了其多维集群的概念，并应用该概念框架再次解释了莱比锡新媒体产业集群是如何创建、成长的原因以及它们如何再生产自己[44]，其主要结论是莱比锡的媒体行业还不能被视为一个完全发展的产业集群，因为几个维度仍处于婴儿阶段。集群的水平维度仍处于不发达状态，企业的形成和重新定位(relocation)过程产生了集群的垂直维度，这一发展大大受益于制度建设的补充过程。而该产业集群的外部维度并未得到很好的发展，为进一步增长制造了障碍。Depner 和 Bathelt 使用多维集群框架区分了上海汽车产业集群在水平、垂直、外部、制度和权力关系维度的发展，他们认为使用该方法使得对该集群的演变和增长的理解比以前的解释更为细致[48]。

国内关于产业集群维度的研究很少，从多维视角全面分析产业集群形成与演化机制的研究更少。曾刚等从水平效应、垂直效应、内部制度环境、外部联系和平等与依赖的权力结构五个方面理论上系统地阐述了产业集群的内部机理，并对上海浦东的信息产业集群进行了实证分析，其分析框架与 Bathelt 的多维集群概念异曲同工[49]。

2.3.3　区域经济韧性

“韧性”(resilience)一词源自拉丁语词根 resilire，指的是实体或系统在受到某种干扰或破坏后“弹性地恢复形状和位置”的能力[50]。韧性最早应用于工程机械学科，20 世纪 70 年代由 Holling 引入生态学，近年来经济地理学家和区域经济学家等将这一概念引入区域研究领域[51]，提出区域韧性(regional resilience)的概念，之后区域韧性受到了学者的广泛关注，更逐渐发展成区域政策制定的重要概念之一[52]。尤其是 2008 年国际金融危机爆发之后，地方及区域，尤其是一些发展已趋向成熟的传统产业区域，如何应对这些重大冲击并达到长期稳定发展，即区域面对外来冲击的弹性，成为区域发展研究的重要议题[53-55]。

关于区域经济韧性的理论与实证研究成果较多。目前，学术界对于区域经济韧性的定义主要有工程韧性(engineering resilience)[50]、生态韧性(ecological resilience)[52]和适应韧性(adaptive resilience)[50,56]三种。目前区域研究或经济地理学界更倾向从适应性角度来理解区域经济韧性，适应韧性指一个系统能否响应冲击而调适其结构及机能的能力[50,56]，这个角度让区域韧性研究从分析一个区域经济如何具有韧性，扩展到探寻它随着时间及不同冲击与压力如何调适的过程[57]，不仅关注区域响应短期冲击的能力，还包括维持其长期发展的能力，并特别关注区域面对冲击而重新组织其产业、技术及制度结构的长期能力[50,56-57]。Hervas-Oliver等采用Pike等人适应能力的观点对英国北斯塔福德郡陶业产业集群进行研究，认为该地产业政策与区域领导企业的决策使该地能应对来自外界的挑战[58]。Martin指出经济结构是塑造区域面对冲击的敏感性与抵抗性的关键角色[59]。之后，Martin和Sunley等又提出区域韧性包括风险、抵抗力、再定位和恢复性这几个要素，而它们又受到区域经济结构、制度和政策等因素的影响[52,55]。其他许多学者的研究对上述观点也予以了佐证。例如关于产业结构方面，Frenken等发现专业化虽有助于区域经济发展，但却可能提高了其对外部冲击的脆弱度[60]，也就是说，有较多元产业结构的区域可能成长较缓，但却有较高抵抗外部冲击的能力。Menzel和Fornahl指出区域会随着发展而变得更加技术单一，知识的异质性减小，造成区域更新能力降低[61]。胡晓辉和张文忠则从制度演化的视角分析区域经济弹性的演化过程，深化了Martin等人的观点[62]。王琛和郭一琼、徐媛媛和王琛等人对区域经济弹性影响因素也做了一些探索[63-64]。总的来说，目前针对如何分析区域经济韧性的研究已有共识，即韧性的构成应从系统性及全面性的角度来理解[52,56]。虽然区域经济韧性的构成极为复杂，学者都强调合理的区域韧性分析必须捕捉到区域产业网络及制度层面的特质，但低估了系统内成员的能动性[65]，忽略了产业系统内的成员（如企业）为响应冲击而有意识地实行策略性行动[59,66]。

对区域经济韧性测度，目前主要有两种方法，一种是指标体系法，这种方法采用多种指标体系评估区域经济弹性。比如，王泽宇等基于Martin的抵抗、恢复、再定位、更新四个弹性维度构建评价指标体系，分析中国海洋经济弹性的时空分异特征[67]。张俊威等从经济稳定性、经济结构的多元化、经济创新能力和经济系统活力四个方面构建经济韧性的综合指标评价体系对武汉市的经济韧性进行了测度[68]。齐昕等从宜居性、稳定性、企业家精神、创新能力、吸收风险能力和抗风险能力等方面选取12个指标构建了浙江省县域经济韧性的评价指标体系[69]。另一种方式是通过选择就业人数或GDP等核心变量来评估一个区域对经济冲击的反映程度。例如，杜志威等利用GDP测算了珠三角地区的经济韧性[70]。李连刚、关皓明等基于Martin[55]的方法，通过GDP测度经济抵抗力和恢复力，来揭示老工业基地或老工业城市的经济韧性演化特征[71-72]。徐媛媛等利用GDP计算区域经济的敏感性指数来反映浙江和江苏的经济弹性[64]。王琛等利用上述方法计算了全国173个地级市的电子信息产业韧性[63]。

国内外关于产业集群韧性的研究还处于萌芽阶段，只有少数学者对产业集群韧性进行了研究。Suire等认为区位决策的外部性、复合技术生命周期和知识网络的结构特性是影响集群生命周期和韧性的关键因素[73]。孟祥芳等将区域经济韧性的研究成果直接用于对产业集群韧性的内涵和影响因素的探讨[74]。罗黎平认为集群遭遇冲击会经历冲击吸收、冲击适应和恢复更新三个阶段,因此将集群韧性分解为冲击吸收能力、冲击适应能力以及恢复更新能力三个方面,并分析了社会网络治理、焦点企业和第三方(政府、协会)在不同阶段发挥的作用[75]。

总体而言,国内对于韧性的研究主要以区域或城市经济韧性研究为主,对产业集群韧性的研究很少,因此,关于建立什么样的评价体系以及如何测度产业集群韧性,目前还没有达成共识。

2.3.4 产业集群的形成机制

国内外众多学者利用 Marshall 集聚经济理论、交易成本理论、新产业区理论、非交易相互依赖理论、Porter 的产业集群理论、全球网络理论、演化经济学的路径依赖理论等,研究集聚经济、交易成本降低、企业间的密集网络、企业间的非交易相互依赖关系、地方优势和外部联系、历史偶然性、企业衍生机制、不平等的权力关系,以及市场因素、制度环境等影响因素和机制对产业集群形成和演化的影响。本研究主要归纳国内外在集聚经济、路径依赖、市场机制、外部联系、权力关系和制度环境等影响产业集群形成和演化的关键机制方面取得的研究进展。

1. 集聚经济

Marshall 的集聚经济运行机制已经得到了很多实证分析的验证。Audretsch 等提出通过检验知识密集型产业是否更具有空间集中性来检测知识溢出的存在[76]。Ellison 等对美国制造业的实证研究表明,劳动力市场的集中对产业集聚起到决定性作用,企业相互邻近所导致的知识溢出效应也起到相当重要的作用[77]。Dumais 等人研究了使用类似工人、具有客户-供应商关系和使用类似技术的行业中的地方就业水平与行业就业增长之间的函数关系,结果表明,劳动力市场集中是最重要的集聚机制。但其结果受到数据限制,因其使用的是两位数行业数据,因而掩盖了这一数据级别内许多行业间的关系[78]。Rosenthal 等试图利用 Marshall 所描述的三种集聚机制来识别决定产业地理集中度的行业特征,他们也发现,劳动力市场聚集是最重要的集聚机制,知识溢出似乎也有助于产业集聚,但仅限于地方层面[79]。Glaeser 等研究了制造企业进入的地方决定因素。新进入者似乎特别喜欢有许多较小供应商的地区,相关职业的大量工人也强烈预示着企业进入。这些力量加上城市和工业的固定效应解释了 60%到 80%的制造业进入[80]。Ellison 等人使用英国和美国的两个行业数据检验了 Marshall 的产业集聚理论,结果 Marshall的三种集聚理论都得到了支持,其中投入产出关系尤为重要[81]。Jofre-Monseny 等人通过考察西班牙新制造业公司的位置,进一步阐明了 Marshall 的每一种集聚机制的相对重要性。在某一特定行业中,拥有大量的使用相似工人的产业的地区，新企业的创建率更高。同时，相关投入供应商的大量存在也有利于新企业的创建。因此，劳动力市场集聚和投入共享是相关的集聚理论，这两种机制的相对重要性大致相同[82]。Figueiredo 等人调查了 Marshall 的产业的地理集中度（即本地化）与知识溢出增加有关的假设，发现知识溢出与产业地方化积极关联，而且产业的集聚可以弥补距离的不利影响[83]。Arias 等以智利主要矿区安托法加斯塔地区为例，以劳动分工、丰富的劳动力市场的存在、知识转移渠道的存在三个 Marshall集聚机制为分析维度，分析该地区是否存在有利于集聚经济的条件[84]。Howard 等揭示了运输成本、劳动力市场汇集和技术转移对集聚过程的重要性[85]。

也有学者研究发现，Marshall 的集聚经济不能解释产业集群的早期形成，也就是一个企业增加到很多企业的过程。本地独有的外部性在仅有一个企业时是不存在的，也就是不存在劳动力市场充足的外部性和知识溢出。在各种集群企业劳动力形成工作网络、产生知识溢出和企业从劳动力市场充足中获益之前，必须有其他企业进入集群[19]。

2. 路径依赖

集群在刚出现时，实际上并不是集群。但在这一阶段，产生了集群和后续增长过程的基础。有一种观点认为，一些地方先决条件的存在是导致集群出现的关键。Menzel 等认为集群出现在具有某些特定地方条件的地方，如强大的科学基础或政治支持，使新兴集群有可能达到临界质量[32]。Simmie 等认为新的本地产业的出现是受到刺激或至少部分的通过从以前的“经济活动”中继承的先前存在的资源、能力、技能和经验的驱动[50]。Boschma 等也认为集群的出现与以前开发的本地能力、惯例和机制有关，新兴产业通过区域分工进程从现有技术和产业结构中脱颖而出[86]。一个地区的知识和工业部门的相关品种增加了知识溢出的程度，从而增加了新集群出现的机会[86]。演化经济地理学认为知识是导致新兴产业和集群出现的所有过程的核心[87]，创办新企业（可能启动集群）的企业家必须创造或获得关键知识（同前），这些知识可以由具体地方的行为者开发，但必须由新集群出现的地方的企业家获得和调动。Ter Wal 等指出，“地区可能必须实现基础设施、当地劳动力等通用条件，才能成为新产业的潜在候选人”[39]。然而，充分的先决条件不会导致当地产业集群的自动出现。它只提供了一个发展的潜力，一些行动者必须出现并利用这一潜力。因此，一些学者认为产业集群是由历史偶然事件触发形成的。比如，Krugman 认为我们内部的高度本地化的行业可以追溯到一些看似微不足道的历史偶然事件[88]。新集群通常“或多或少地出现在某个特定位置”[89]。Wolfe 等观察到“触发事件将先决条件转化为集群的起源，这种方式正是当前的集群形成理论中缺失的”[90]。集群的演化取决于出现集群（先决条件）所必需的一些结构特征，以及依赖于“存在和配置是偶然的条件”[91]，即在某些地方和时间发现的触发因素。集群出现的重要触发因素是能够利用有利前提条件的行为者[92]。因此，新途径和新集群的兴起需要知识渊博的个人、大学、公司和/或政府的社会行动[93]。基于这些观点，集群出现的关键触发因素可能是建立标志着集群建设过程开始的新企业，重要的前提条件是在一个地区可以获得启动新公司必要的知识和能力。我国一些学者也有类似的论述，认为产业集群一般由市场自发形成，但也受地区比较优势和其他因素影响。因此，政府政策可以在创造产业发展环境方面发挥作用[94-95]。李学鑫等对河南省民权县"画虎村"文化创意产业集群的实证研究发现，血缘、亲缘与地缘关系构成的社会资本、文化传统与偶然历史事件在我国农区文化创意产业集群的初期形成中共同起着作用[96]。

一些学者研究发现企业衍生机制在集群早期增长阶段发挥着重要作用。衍生企业是集群早期阶段的增长引擎。在同一行业内部，熟练工人离开企业并建立自己的企业是典型的知识扩散机制。Arthur 将集群的出现描述为创业和衍生过程的随机过程。衍生在不同地区随机形成，集群在企业数量首先超过某一阈值并产生越来越多的回报的地区建立起来[97]。现有企业行为和衍生企业之间的关系也受到经济学和管理学的关注[98-100]，每个企业都有独特的惯例，每个惯例都有不同的作用(研发、市场、惯例等)和产品。当新企业建立时，由于创始人依赖在他们之前的雇佣经历中熟悉的惯例，新企业将进行再生产。而且新企业的创新活动与母体企业活动紧密相关，甚至来源于母体企业的研发。企业家从他们过去的工作和教育中带来了知识和技能，这些知识和技能可能在发现新商业领域和机会以及企业的日常经营中有用[101]。一个成功的现有企业可以孵化大量新企业，因为创始人从原企业带来了知识，所以这些新企业通常会更成功。而且，大多数企业家在他们过去的雇主周围建立新企业，因为可以依靠过去就职企业的雇佣经历取得成功，从而形成了经济活动的地理集聚。

随着企业数量逐渐增多，集群收益递增机制(或称自增强机制)逐渐发挥作用，集群逐渐成长，逐渐锁定于某一路径，形成路径依赖[102]。樊新生等研究长垣卫生材料产业集群发现，由于规模收益递增导致的技术路径依赖是产业集群形成的经济技术因素[102]。丁瑞等探讨了宁夏中宁县枸杞加工产业集群的演化过程和形成机制，认为收益递增与路径依赖是枸杞加工产业形成产业集群的关键机制[103]。

3. **市场机制**

不少学者强调市场机制在集群形成和演化中的作用。市场和个体企业之间的相互作用以及对它们的变化的相互反应理论上有助于集群演进[104]。市场作为驱动力意味着需求有所增加，因为它是集群行动者所积极参与的产业最重要的推动力[105]。Sonobe 等研究发现，在集群发展的早期阶段，当地市场对于新企业的进入起到了至关重要的作用，因为在当地市场，企业管理者可以很容易地从当地的贸易商那里购买材料和销售产品[106]。罗军分析传统平原农业区产业集群形成和演化机制时，发现巨大市场需求量的有力推动是虞城县钢卷尺产业集群重要成长因素[107]。苗长虹等通过河南省鄢陵县花木产业集群的案例分析，认为市场需求扩大、分工深化、知识创造与扩散之间互动引致的收益递增和集群租金，构成了集群成长的关键机制[108]。黄丽君等分析了福建临港产业集群形成的市场机制，认为福建临港产业集群在发展过程中适应不断变化的市场需求，不断使更多的企业加入，并促进上游和相关产业的升级[109]。陆立军等揭示了专业市场与产业集群之间的互动是一个微观、中观、宏观层级相互影响、相互适应的多阶段共演型过程[110]。袁丰等研究了制造集群和专业市场的形成与共同演化过程及其驱动机理，结果表明，佟二堡镇皮革制造集群与专业市场遵循共生发展型演化模式，呈现出产业规模共同扩大、组织方式共同演进、产业分工共同深化的共同演化过程[111]。

4. **外部联系**

外部联系可以提供互补资产和新的市场联系，可以获得新颖的、非冗余的信息[112]。Bathelt 更是强调，集群的成功基本上是基于其企业的外部联系，不少实证分析已经证明了企业外部联系的作用[113]。Owen-Smith 等在波士顿生物科技产业的例子中表明，获得新知识并不仅仅是地方和区域互动的结果，而是经常通过具有区际和国际影响力的战略伙伴关系获得[114]。Grabher 对伦敦广告业的研究以及 Scott 对好莱坞电影和娱乐集群的分析[115-116]，都强调了超出地方的联系对于创造知识和产生地方增长的重要性。而集群概念倾向于通过参考企业之间的社会关系的本地网络来解释经济上的成功，忽略了超本地联系[113]。相比之下，全球商品链的概念强调功能性生产组织和相应治理结构的优势，但低估了生产安排的地域维度和本地化性质[113]。为了使两种观点更加接近，Dicken 等人和 Henderson 等人开发了全球生产网络的概念，这是一种更加空间指向化的方法，建立在行动者网络以及社会和地域的嵌入性之上。Bathelt 认为补充全球生产网络工作的可选替代方法是应用集群概念，它系统地整合了基于价值链的联系和集群的外部维度，重点放在调查的特定地区以及其外部关系上[113]。通过建立地方嗡鸣(local buzz)与全球管道模型(buzz and pipeline model)，Bathelt 强调了超出地方的知识来源的作用。一个连接地方集群和其余世界的很好发展的管道系统对集群中的企业有两方面好处。一是每个个体企业可以从建立与地方集群外的角色的知识加强的联系中获益，二是一个集群企业通过它的管道获得的信息可以通过地方嗡鸣溢出给集群中的其他企业[42]。而且，研究表明，与集群外部公司的合作关系是创新的决定性动力[113]。我国部分学者也研究了外部联系在地方产业集群发展中的作用。苗长虹以河南许昌发制品产业集群为例，研究发现，通过全球与地方生产网络的建构和有机联结，传统产业集群的技术学习可以从“低端道路”迈向“高端道路”[117]。文婷以浦东集成电路产业网络为研究对象，阐述了浦东集成电路地方产业网络与美国硅谷、中国台湾新竹等 IC 地方产业网络间互动对浦东 IC 地方产业网络升级的影响，她认为全球性互动拓宽了地方产业网络学习的界面，为地方产业网络间信息、知识、技术的交流架起了桥梁[118]。何金廖等从全球生产网络的视角分析了上海创意产业集群的地方—区域—全球尺度的外部链接性，研究认为上海创意产业在劳动力市场、外部供给、消费市场、合作关系四个产业链环节，都表现出地方化和全球化作用互动耦合、协同发展的关系[119]。

随着不同集群、区域或民族国家之间跨本地管道的建立，企业可以利用外部知识库和市场。然而，访问跨地方管道并不是自发发生的，它需要有意识的努力，大量的投资，并伴随着更高的不确定性。管道中的合作伙伴需要经过精心挑选，且必须建立信任[42,113]。同时，两端的公司需要彼此熟悉，学习如何进行互动调整和发展吸收能力[113]。Bathelt 等认为可以通过很多机制来建立全球管道，恰当选择潜在合作伙伴[42]。比如，一个企业可能依靠声誉影响接触本地之外的角色，或者企业也可以通过“弱联系”扫描他们的环境，或者与在定期的会议和商品交易会中认识的潜在的伙伴建立联系[42]。此外，企业设立分支机构或收购遥远集群中的其他企业，以在新的地点和他们各自的市场发展地方联系[42]。这些新联系可能有超越本地管道的特征，但它们也从不同集群的嗡鸣间的知识转移中受益[42]。建立外部联系并将外部信息理解和翻译给集群其他企业的行动者被称为集群知识“守门人”，这些守门人有较好的知识基础，能够保持紧密的外部联系，愿意在集群内部扩散他们的知识[42,112]。然而，外部联系的企业经常不愿意与地方企业分享他们的知识，因为这个态度依赖于与集群中的其他成员的互惠关系。在这种情况下，全球性联系的行动者更像是一个外部明星，而不是守门人[112]。

5. **权力关系**

自 20 世纪 90 年代以来，新产业区和波特的产业集群理论研究者所强调的集群内部均衡性的观点受到越来越多的质疑，地方生产网络中企业间权力的非对称现象开始受到学者们的关注[120]。Taylor 认为理解地方产业集群的好处或其他方面时，不平衡的权力关系在地方生产系统中的作用是一个被忽视但至关重要的方面[121]。Bathelt 等认为维持集群内部的平等权力结构是很困难的，他们强调更深入地了解企业之间的权力关系的性质以及将它们联系在一起的权力循环是理解集群如何运作的关键，包括它们如何出现以及它们如何下降[46]。

核心企业（或称为领先企业、锚定企业等）作为整个权力网络的中心，在集群形成和演化过程中发挥了关键的作用。Markusen 确定的几种产业集群类型的一个关键因素就是集群成员角色的不对称性，尤其是在轴辐式产业集群中，一个或几个大公司处于中心地位，小型企业完全依附于大公司[23]。Ter Wal 等阐述了在集群生命周期的各个阶段都包含不同强度的网络结构，网络和企业能力是相互关联的，具有强大能力的公司将是有吸引力的合作伙伴，因此在网络中位于更中心的位置[39]。中心网络位置进一步增加了这些公司的吸引力。处于网络中心的企业往往具有更高的生存可能性，而在较远位置的企业退出行业的可能性较高[25]。Randelli等对以 Gucci 为中心的佛罗伦萨皮革产品集群的企业网络进行深入分析，提出集群演化依赖于企业的成功路径，尤其是那些随着时间的推移积累了权力、知识和市场份额，从而成为主导并能够影响整个集群演化的核心企业。这些核心的企业充当集群守门人，促进了外部知识在当地"环境"中的扩散和重组(垂直连接)。此外，它们还作为一个中心，促进集群内企业之间的知识流通(横向连接)[105]。张云逸等对上海汽车产业集群进行研究发现，技术权力对于外生生产型产业集群的演化具有关键性作用[122]。邓峰认为产业集群往往依托一个或多个规模较大的、拥有先进技术的核心企业形成和发展，凭借网络权力，核心企业影响、规范和制约集群中其他企业的活动[123]。凌守兴分析我国电子商务产业集群的形成与演进机理，发现领军企业是产业集群从低级向高级演进的最根本的动力因子。领军企业的成功和示范效应，引来企业全体的关注、模仿和衍生创新[124]。

6. **制度环境**

集群所嵌入的制度环境(非正式制度和正式制度)也起着关键作用。Isaksen 分析了挪威六个全球竞争力集群中的创新动态，发现国家制度对于集群的开始和早期发展尤为重要，因为初始需求的客户主要是国家的，而且许多企业是由将大型国家研究机构的研究成果商业化开始的，集群的增长在一定程度上是挪威工业政策的一个组成部分[125]。然而，企业的价值链很大程度上在全球范围内，企业在国际上的客户和供应商中找到了重要的创新伙伴[125]。区域层面也是重要的，因为集群公司的创新过程利用了员工的经验和工作场所常规中的独特能力，部分是默契的[125]。同时，企业在很大程度上从建立了特别适应集群企业需求的研究项目的类似企业和教育机构中招聘当地的新员工。这项研究表明，国家层面对于集群的启动特别重要，而区域和国际层面在集群成熟时更为重要[125]。樊新生等以河南省长垣县卫生材料产业集群为例，研究了宏观制度、特定地方环境等随机因素对区域内新经济活动的激发作用[102]。在中国的制度背景下，很多产业集群发展的初始阶段，工业园区的特殊政策是吸引大量企业到园区集聚的原因。

2.3.5 工程机械产业集群相关研究

国外对重工业产业集群的研究主要以汽车制造业为例[48,126-127]，对工程机械产业集群的研究较少。国内对工程机械产业集群已经做了一些有益的探索，研究主要集中在我国工程机械产业集聚特征的分析、核心企业对产业集群的影响力分析、产业集群竞争力评价及提升研究等方面。

在产业集群集聚特征分析方面，学者们普遍认同国内已经形成了徐州、长沙、常州、柳州、厦门、济宁六大工程机械产业集聚区。刘友金认为 21 世纪初期这六大工程机械产业集聚区普遍具有一个或几个龙头企业带动一批配套企业、主要集聚在中小城市的特征，并且认为这些工程机械产业集聚区存在产业链功能不完善、企业竞争有序程度不高、服务体系不配套以及有效的风险投资机制尚未建立等问题，建议我国工程机械行业走集群化发展模式[128]。李松青等认为我国目前已经形成了六大工程机械产业集群，这六大集群具有集聚效应显著、集群内专业化分工显著、研发资源丰富等集聚特征，并且认为这些集群存在生产效率不稳定、自主创新能力不强、集群内企业合作力度不够等问题，提出企业在生产投入时要提高研发投入、重视市场作用、构建整体性的企业发展战略等建议[129]。

在核心企业对产业集群的影响力分析方面，学者们重点分析了核心企业对产业集群发展、演化的影响。刘友金等基于焦点企业成长视角，构建了集群演进四阶段模型，并以长沙工程机械集群为例，分析了中联集团在长沙工程机械集群演进中发挥的作用[130]。刘异玲等基于结构方程模型，对工程机械行业核心企业对产业集群经济产出的主要影响路径进行了研究，得出企业能力在直接方式上以及企业规模在间接方式上都会对集群产出造成影响的结论[131]。付韬等以徐州工程机械集群等产业集群为例，认为最终产品复杂程度、集群零部件配套体系完整程度等对集群焦点企业甚至整个集群具有重要影响[132]。

在产业集群竞争力评价及提升方面，学者们多以各集群内核心企业为样本，采用定量方法对国内工程机械产业集群的竞争力进行比较，并提出增强产业集群竞争力的建议。刘友金、喻春光定量比较了徐州和长沙两个工程机械产业集群的竞争力，发现徐州工程机械产业集群虽然比长沙工程机械产业集群的规模大，但长沙工程机械产业集群的竞争力强[133-134]。唐绪兵等采用因子分析法，分析了长株潭工程机械产业集群的核心竞争力，发现该集群与全国同类地区相比具有很强的核心能力[135]。刘异玲等选取长沙、徐州、厦门、常州、柳州、济宁六大工程机械产业集群的八家核心企业为样本进行企业生态位测评，发现企业发展能力是影响企业生态位的重要因素，而企业规模影响程度较弱[131]。何燕子设计了一套适合工程机械产业竞争力评价的指标体系，对长株潭工程机械产业集群的竞争力进行了评价，发现该集群竞争力较高，但配套产业竞争力较弱[136]。杨水根提出要充分发挥政府和社会中介组织的作用，打造一条完整、清晰、竞争力强的工程机械产业链，提升湖南省工程机械产业集群的竞争力[137]。曹虹剑等提出要打破地域和产业的限制，实现集群组织模块化升级[138]。

综上可见，国内学者对我国工程机械产业尤其是湖南的工程机械产业集群的研究已经取得了一些成果，对国内工程机械产业集聚的空间格局已经形成了基本共识，对该类集群中核心企业发挥引领作用、提升集群整体竞争力等方面的研究较多。但总的来看，研究成果较少，尤其是对工程机械产业集群如何形成、工程机械产业集群的发育程度如何等问题没有深入研究，这些成为本研究要解决的问题。

2.4 研究评述

通过梳理国内外产业集群研究进展，发现国外的产业集群理论研究起步较早且相对成熟，基本形成了完善的理论。同时，国内外学者也做了大量实证和案例研究，这为本研究奠定了基础。首先，已有研究表明，引入集群生命周期方法，从企业数量、从业人数、地理集中程度等角度，分析产业集群演化的长期动态过程和特征，归纳总结产业集群生命周期阶段和规律，是分析产业集群演化过程的一种较好的方法。其次，已有研究显示，要关注产业集群不同维度的发展变化，尤其是 Bathelt 的多维集群框架为产业集群研究提供了一个较为全面的分析框架，这些为本研究建立新的产业集群理论分析框架提供了思路。同时，韧性是维持和保证集群可持续发展的重要性质，区域经济韧性研究为本研究建立产业集群韧性的多指标评价体系及测算方法提供了借鉴。最后，关于产业集群形成机制的理论成果颇丰，如集聚经济效应、成本因素、非交易相互依赖性、企业间网络关系、历史偶然事件、路径依赖以及非本地知识和技术在促进产业集群形成和发展中发挥着重要作用。这些研究为笔者从不同视角揭示产业集群形成的内外部因素，以及这些不同因素在产业集群发展不同阶段的作用方式奠定了理论基础。

然而，已有相关研究成果还存在一些不足，主要表现在以下几个方面：

(1)关于产业集群的多维度分析对于理解产业集群各个维度的发展，以及找出影响产业集群的关键因子及作用机制至关重要，但是已有研究多侧重对产业集群水平、垂直等维度的分析。对集群外部维度和权力关系维度的研究也比较薄弱，虽然 Bathelt 的多维集群框架为产业集群研究提供了一个较为全面综合的分析框架，但它忽略了维持集群可持续发展的韧性维度。当前国内外对区域经济韧性研究较多，而对区域经济的重要载体——地方产业，尤其是产业集群抵御冲击或危机的韧性研究很少，对于如何评价或测算产业集群韧性鲜有研究。

(2)对于产业集群形成机制的分析，学者们往往从静态、单一的视角关注某个机制在产业集群形成中所起的作用，而从动态视角综合多种机制来揭示产业集群形成规律的研究很薄弱。单一机制的分析往往只适合对产业集群某个特征或某一阶段的解释，而难以解释整个产业集群，尤其是需要分析不同历史时期产业集群的主导因子及其作用机制时，单一机制解释的局限性就变得很明显。因此，在揭示长时期产业集群的发展和演化机制时，需要综合多种机制进行解释。本研究在分析长株潭工程机械产业集群的形成机制时，便尝试综合利用了多种机制对产业集群演化的不同阶段进行解释。

(3)学者们对国内工程机械产业集聚的空间格局已经形成了基本共识，对此类产业集群中核心企业发挥的引领作用以及如何提升集群整体竞争力等内容研究较多。但总的来看，研究成果较少，尤其是对工程机械产业集群时空演化过程、多维特征以及形成机制等问题研究得还不够深入。

基于上述考虑，本书研究长株潭工程机械产业集群的时空演化过程、多维度特征及形成机制，有利于弥补现有研究不足，推进产业集群演化过程和形成机理的研究。

第3章

长株潭工程机械产业集群时空演化过程

工程机械是国民经济建设的重要装备，在装备工业中占有举足轻重的地位。湖南省是中国当前最大的工程机械制造基地，产品品种占全国工程机械品种的 70%，其产业资产比重、收入比重和利润比重一直位于全国首位。湖南的工程机械产业具有典型的空间集聚特征，高度集中于长株潭地区。长株潭地区是中国工程机械产业发展最具活力和实力的地区之一，20 世纪 70 年代工程机械产业开始在这里萌芽，90 年代起步发展，进入 21 世纪后规模快速扩大，集群逐步成形，形成以三一重工、中联重科、山河智能等企业为核心，一大批中小企业及配套企业在周边集聚的空间形态，是较为典型的轴辐式产业集群[23]。2018 年，该集群规模以上工程机械企业 98 家，产业集群已经具有较强创新能力和生产制造实力，三一重工生产的混凝土机械、挖掘机、履带起重机和旋挖钻机，中联重科生产的塔式起重机和环卫机械，山河智能生产的静力压桩机、强力多功能钻机、多功能桩架等，铁建重工的高端盾构等产品市场占有率居国内前列，技术已达到国际先进水平。2017 年，除三一重工、中联重科、山河智能之外，湖南又有第四家企业——铁建重工——入围“全球工程机械企业 50 强”。除了龙头企业继续保持领先地位外，近几年又有星邦重工、五新隧装、恒天九五、泰富重工等企业快速崛起，在国内外市场崭露头角，为集群发展不断注入新的活力。

3.1　产业集群时空演化分析

3.1.1　产业集群规模变化

本部分将对长株潭工程机械产业集群数量规模和效益的时间变化特征进行分析和总结。相关数据主要来自 RESSET 非上市公司数据库①以及三一重工、中联重科等上市公司的年度报告。基于上述数据资料，本研究统计了 1998—2013 年长株潭工程机械行业规模以上工业企业的数量、从业人数、主营业务收入等主要指标。之后，进一步利用“企查查”网站和企业网站获得了 2014—2018 年的企业数量这一指标。因缺少 2014—2018 年的主营业务收入指标，本研究通过 1999—2018 年的《湖南年鉴》获得了 1998—2017 年的湖南工程机械工业增加值数据，对比 1998—2013 年的湖南工程机械工业增加值和长株潭工程机械主营业务收入，发现二者变化趋势基本一致（见图 3 - 1）。

为验证上述两个变量变化趋势是否一致，利用 SPSS 18.0 软件计算二者相关系数。结果显示（见表 3 - 1），在 0.01 的显著性水平下，二者相关系数达到 0.996，表明两个变量极相关。因此，可以用 2014—2017 年湖南省工程机械工业增加值的

① RESSET 非上市公司数据库（RESSET/NLC）根据国家统计局发布标准建立并实现，数据库的统计对象为规模以上工业法人企业，包括全部国有和年主营业务收入 500 万元及以上的非国有工业法人企业，数据信息包括企业基本信息、企业财务信息、企业生产销售及职工信息三大板块。

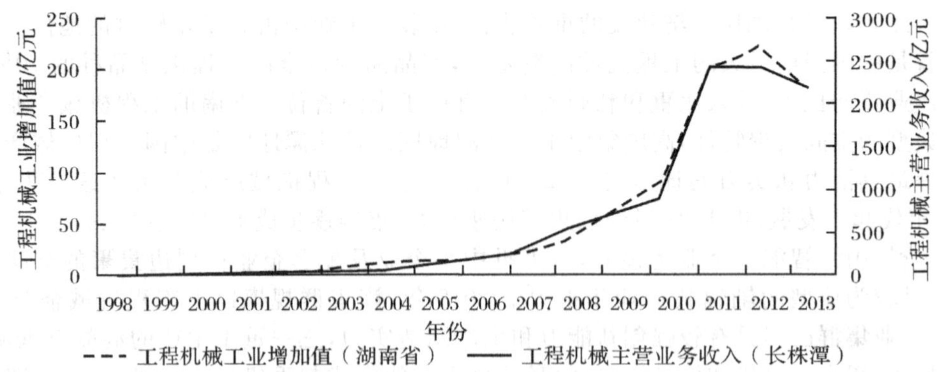

图 3-1 1998—2013 年湖南省工程机械工业增加值和长株潭工程机械主营业务收入变化趋势

变化率推测 2014—2017 年长株潭工程机械主营业务收入值，最后得到 1998—2017 年长株潭工程机械主营业务收入指标(见图 3-2)。

表 3-1 相关性检验结果

指标		湖南工程机械工业增加值	长株潭工程机械主营业务收入
湖南省工程机械工业增加值	Pearson 相关性	1	0.996**
	显著性(双侧)		0.000
	N	15	15
长株潭工程机械主营业务收入	Pearson 相关性	0.996**	1
	显著性(双侧)	0.000	
	N	15	15

注：** 表示在 0.01 水平(双侧)上显著相关。

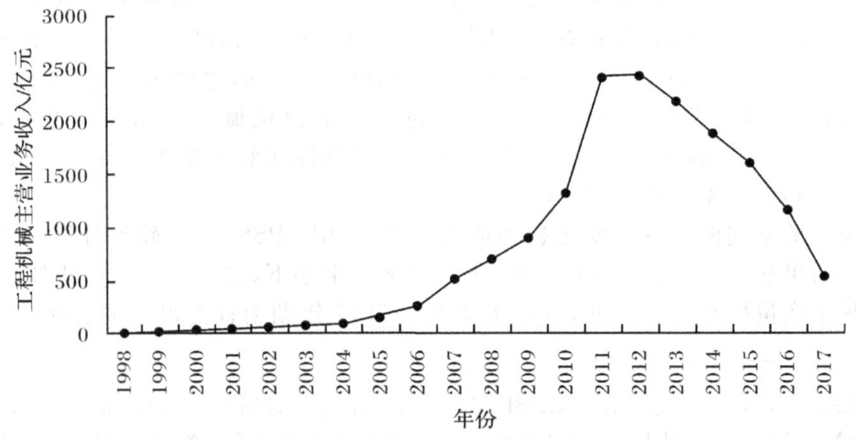

图 3-2 1998—2017 年长株潭工程机械产业集群主营业务收入

此外，本研究整理出 1998—2018 年三一重工和中联重科这两家公司的职工数、主营业务收入等指标作为参考。

总体来看，1998—2018 年长株潭工程机械产业的发展具有明显的阶段性特征，基本呈现缓慢增长、快速增长、波动发展阶段(见图 3－3 至图 3－5)。

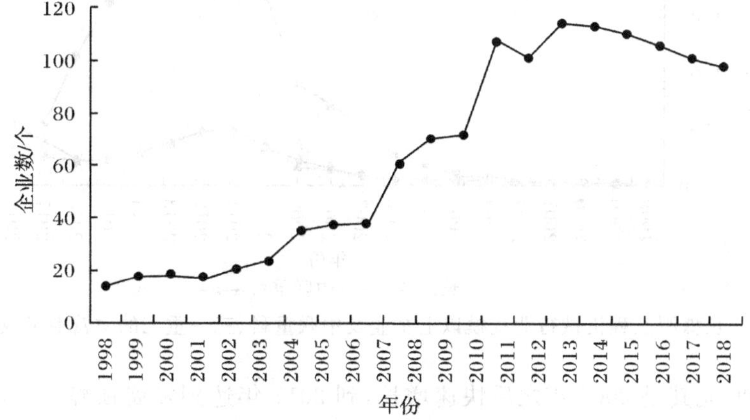

图 3－3　长株潭工程机械行业规模以上企业数量变化

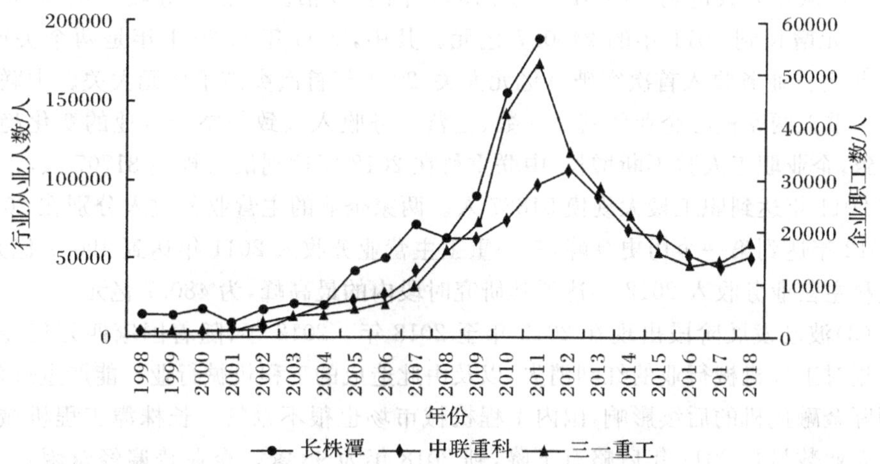

图 3－4　长株潭工程机械行业规模以上企业的从业人数及中联重科、三一重工的职工数变化

(1)缓慢增长阶段出现在 20 世纪 90 年代。长株潭工程机械产业刚刚起步，整个产业规模还比较小，规模以上企业数量较少，到 2000 年仅有规模以上企业 18 家，从业人数仅 13965 人，主营业务收入 18.3 亿元。中联重科和三一重工两家核心企业的就业人数仅有千人，主营业务收入分别为 2.3 亿元、8.1 亿元。

(2)快速增长阶段出现在 2001 年至 2011 年。进入 21 世纪，全国固定资产投资大幅增长，湖南省对工程机械产业发展也给予了重点支持，长株潭工程机械产业开始

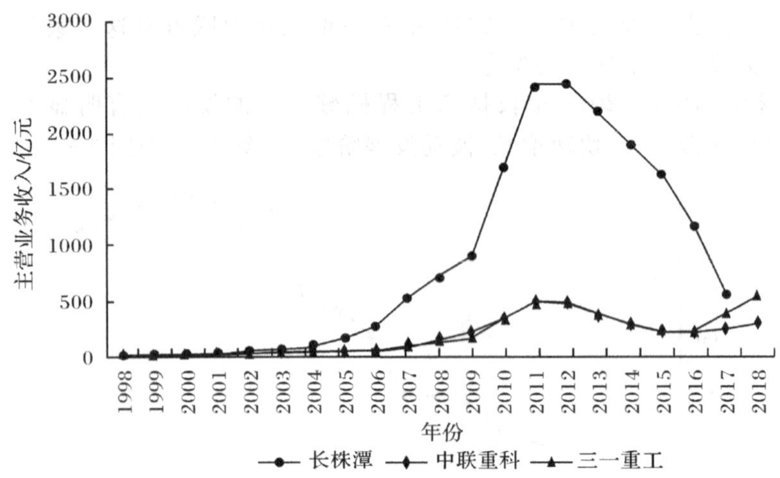

图 3-5 长株潭工程机械行业规模以上企业及中联重科、三一重工的主营业务收入变化

进入增长期，尤其是 2006 年之后快速增长，到 2011 年达到发展顶峰。2011 年，规模以上企业数量迅速增长到 107 家。行业吸纳就业能力明显增强，2011 年，107 家规模以上企业从业人数达到 189001 人，是 1998 年的 15 倍。主营业务收入从 2000 年的 18.3 亿元增长到 2011 年的 2400.7 亿元。其中，2005 年和 2011 年是两个关键年，2005 年主营业务收入首次突破百亿元大关，2011 年首次突破千亿元大关。中联重科和三一重工两家核心企业的就业人数、主营业务收入大致与整个行业的变化趋势基本一致，企业职工人数不断增长，中联重科在 2012 年达到最大规模 31707 人，三一重工在 2011 年达到职工最大规模 51827 人。两家企业的主营业务收入分别在 2011 年和 2012 年达到第一个历史高峰，三一重工主营业务收入 2011 年达到 490.7 亿元，中联重科主营业务收入 2012 年达到其研究时段内的最高峰，为 480.7 亿元。

(3)波动发展阶段出现在 2012 年至 2018 年。2012 年，随着国家四万亿经济刺激计划对工程机械行业的红利消失，以及由此造成的工程机械行业产能严重过剩，加上国际金融危机的后续影响，国内工程机械市场也很不景气。长株潭工程机械规模以上企业数量自 2012 年后略有下降，到 2018 年为 98 家。企业普遍经营困难，收入大幅下滑，尤其是 2013 年开始呈现出明显下降趋势。2012—2017 年，长株潭工程机械规模以上企业主营业务收入从 2425.9 亿元快速下降到 537.3 亿元。中联重科和三一重工两家企业的职工数、主营业务收入也大幅缩水，两家企业职工数在 2016 年已不到职工数最大规模时的一半，主营业务收入分别下降到 200 亿元、228 亿元，利润总额甚至出现负值，企业出现亏损。当然，随着 2016 年下半年之后国内工程机械市场开始好转，长株潭工程机械行业逐渐有恢复迹象。以中联重科和三一重工为例，2017—2018 年，两家企业的主营业务收入恢复增长态势。2018 年中联重科主营业务收入达到 287 亿元，三一重工主营业务收入再次达到新高峰，高达 543 亿元。

3.1.2　产业集群空间格局演变：多尺度分析

1. 基于县级（县、区、县级市）尺度的空间格局

本研究统计整理出了 1998、2005、2009、2013 和 2018 年长株潭 23 个县（区、县级市）工程机械产业的规模以上企业的数量、就业人数及主营业务收入（见表 3-2）。由表 3-2 可知，长株潭工程机械产业规模以上企业的分布较为集中，大多数企业尤其是规模较大企业集中在长沙市的长沙县、岳麓区和湘潭市的雨湖区；长沙市开福区、宁乡市和浏阳市集中了较多的规模相对小的企业。

表 3-2　长株潭工程机械行业规模以上企业在各区（县、市）分布情况

地级市	县（市、区）	1998 年			2005 年			2009 年			2013 年			2018 年
		企业数/个	就业人数/人	主营业务收入/亿元	企业数/个	就业人数/人	主营业务收入/亿元	企业数/个	就业人数/人	主营业务收入/亿元	企业数/个	就业人数/人	主营业务收入/亿元	企业数/个
长沙市	长沙县	1	852	2.1	7	15496	63.2	14	56088	477.3	25		1162.6	25
	岳麓区	2	1042	1.9	4	15948	73.2	7	19999	329.0	7		762.8	7
	宁乡市				3	167	0.2	9	867	10.0	16		51.9	14
	浏阳市				2	87	0.4	7	1147	4.7	11		21.1	10
	开福区				3	901	1.6	4	1100	7.9	16		19.4	12
	望城区										2		6.6	1
	芙蓉区										1		1.4	
	雨花区	3	938	0.2	2	245	2.2	4	304	6.0	4		4.0	3
	天心区	1	4674	1.9										
株洲市	石峰区	1	1769	0.4	4	702	2.4	5	936	6.0	2		4.3	2
	荷塘区				2	392	0.7	2	434	2.2	2		1.6	2
	芦淞区										1		0.7	1
	天元区							3	243	0.7	1		0.3	1
	株洲县							1	56	0.3				
湘潭市	雨湖区	3	2650	1.1	1	6341	7.9	9	6382	38.2	10		105.8	8
	岳塘区	2	1087	0.2	6	1032	0.8	5	500	3.2	4		15.0	3
	湘潭县							1	56	0.1	8		10.3	7
	湘乡市										3		9.7	2
	韶山市										1		4.1	
合计		13	13012	7.8	37	41629	153.1	72	89746	888.3	114		2181.8	98

注：2018 年只有企业数量，就业人数和主营业务收入数据缺失；2013 年就业人数数据缺失。

长沙市岳麓区、长沙县和湘潭市雨湖区一直是长株潭工程机械产业比较集中的区县。长沙县是长株潭工程机械规模以上企业增长最快、分布最为集中、产业规模最大的区县。1998 年仅有 1 家企业，2013 年已增加到 25 家，企业数量占整个区域的比重为 21.9%。由于 20 世纪 90 年代三一重工就搬迁至此地，所以其就业人数和主营业务收入始终较高。由于集聚的企业数量越来越多，长沙县就业人数比重在 2009 年已经达到 62.5%，主营业务收入比重由 1998 年的 26.9%增长到 2013 年的 53.3%。岳麓区的规模以上企业数量虽不是很多，但因为有行业龙头企业中联重科(1998 年为中联建设机械产业公司)，企业规模较大，故总体吸纳就业人数多，主营业务收入也明显高于大多数地区。企业数量从 1998 年 2 家增长到 2018 年 7 家，就业人数从 1998 年的 1042 人增长到 2009 年的 19999 人，就业人数占比从 8.0%增长到 22.3%。主营业务收入从 1998 年的 1.9 亿元增长到 2013 年的 762.8 亿元，占比由 24.4%增长到 35.0%，始终维持较高水平。雨湖区的规模以上企业数量由 1998 年的 3 家增长到 2013 年的 10 家，企业数量占比从 1998 年的 23.1%到 2013 年的 8.8%，就业人数从 1998 年的 2650 人增加到 2009 年的 6382 人，比重维持在 8.0%左右。主营业务收入由 1998 年的 1.1 亿元增长到 2013 年的 105.8 亿元。

长沙市宁乡市、开福区和浏阳市逐渐成为除长沙县之外长株潭地区集中工程机械规模以上企业数量最多的县(市、区)，但企业规模普遍较小。这三个县(市、区)在 20 世纪 90 年代还没有工程机械规模以上企业，在 2005 年时也仅有 2～3 家，但之后企业数量增长较快，2013 年已达到十几家。2013 年，宁乡市和开福区各 16 家，浏阳市 11 家，规模以上企业数量分别占到 14.0%、14.0%和 9.6%。因为这三个县市区缺少行业龙头企业，企业规模都比较小，因此就业人数和主营业务收入占比与长沙县、岳麓区和雨湖区差距比较大。其他县市区比如湘潭市湘潭县、岳塘区等也集中了一定数量的规模以上企业，但因为企业规模与其他地区相比很小，就业人数和主营业务收入都较少。

2. 基于乡镇尺度的“多核”集聚空间结构

以“乡镇(街道)”为分析单元更能精确地反映产业集群的空间格局，表 3 - 3 显示了 1998、2005、2009、2013 和 2018 年长株潭工程机械规模以上企业数量的主要分布乡镇。

从规模以上企业数量来看，长沙市长沙县的星沙、开福区的沙坪、浏阳市的永安等乡镇是集聚工程机械企业最多的乡镇(街道)。此外，长沙市宁乡市东北部的城郊、金洲和夏铎铺等乡镇(街道)的企业数量有逐渐增多趋势。从各年份具体比较来看，1998 年，规模以上企业数量还较少，零星分布于长沙市和湘潭市主城区，各乡镇企业数量仅有 1～2 个。2005 年，企业数量增多，且集聚态势初现，长沙市长沙县星沙街道办事处的企业数量最多，达到 6 个，其余乡镇(街道)不超过 3 个。2009 年，集聚核心增多，长沙县星沙街道办事处、浏阳市永安镇企业数量多，分别达到 8 个和 7 个；宁乡市城郊街道和石峰区田心街道分别有 5 个和 4 个，其余乡镇

(街道)不足 3 个。2013 年,开福区沙坪街道、长沙县星沙街道、浏阳市永安镇规模以上企业数量多,分别达到 14、11 和 10 个;湘潭县易俗河镇和长沙县榔梨街道次之,企业数量分别为 8 个、7 个,雨湖区和平街道和宁乡市城郊街道、夏铎铺镇、金洲镇企业数量分别为 5、5、4、4 个,其余乡镇(街道)企业数量相对较少。2018 年,规模以上企业空间分布与 2013 年基本类似,仅有个别乡镇企业数量有所减少。

表 3-3　长株潭工程机械行业规模以上企业在各乡镇(街道)分布情况

地级市	区(市、县)	乡镇(街道)	1998 年	2005 年	2009 年	2013 年	2018 年
长沙市	岳麓区	银盆岭街道	1	2	2	2	2
		望城坡街道	1	1			
		含浦街道		1	2	1	1
		咸嘉湖街道		1			
		坪塘街道		1			
		东方红镇			1	1	1
		梅溪湖街道			1		
		天顶街道			1	1	1
		莲花镇				1	1
		学士街道				1	1
	长沙县	星沙街道	1	6	8	11	11
		榔梨街道			3	7	7
		北山镇				3	3
		泉塘街道		1		1	1
		江背镇			2	1	1
		安沙镇			1		
		干杉镇				1	1
		金井镇				1	1
	开福区	沙坪街道		3	2	13	10
		马坡岭街道				1	
		捞刀河街道				1	
		新港街道			1	1	
		伍家岭街道			1		
		青竹湖镇				1	1
		秀峰街道					1
	浏阳市	永安镇		2	7	10	9
		洞阳镇				1	1
	宁乡市	城郊街道		1	5	5	5
		历经铺乡		1	2		
		玉潭镇		1		2	1
		金洲镇			1	4	3
		夏铎铺镇			1	4	4
		煤炭坝镇				1	1

续表

地级市	区(市、县)	乡镇(街道)	1998 年	2005 年	2009 年	2013 年	2018 年
长沙市	望城区	高塘岭街道		1	1	1	1
		白沙洲街道				1	
	雨花区	侯家塘街道	1				
		左家塘街道	2				
		圭塘街道		1			
		黎托街道		1	1		
		长沙雨花经济开发区			3	3	2
		雨花工业园区				1	1
	天心区	金盆岭街道	1				
株洲市	石峰区	田心街道	1	3	4	1	1
		井龙街道		1	1	1	1
	荷塘区	宋家桥街道		1	1	2	2
		桂花街道		1			
		明照乡			1		
	芦淞区	白关镇				1	1
	天元区	栗雨街道			2	1	1
		嵩山河街道			1		
	株洲县	白关镇			1		
湘潭市	韶山市	永义乡				1	
	湘潭县	云湖桥镇			1		
		易俗河镇				8	7
	湘乡市	东山街道				1	1
		新湘路街道				2	1
	雨湖区	广场街道	1	1	3	3	3
		和平街道	1			5	3
		先锋乡	1		2	2	2
		响水乡			3		
		楠竹山镇			1		
	岳塘区	宝塔街道		1	3	2	1
		双马街道		1	2	2	2
		东坪街道		1			
		书院路街道	1	2			
		霞城乡		1			
		下摄司街道	1				
合计			13	37	72	114	98

主营业务收入受企业自身规模影响较大,因此与企业数量空间分布格局略有差异(见图 3 - 6 至图 3 - 9)。长沙市长沙县星沙、岳麓区银盆岭街道主营业务收入始终远高于其他乡镇(街道),其次是湘潭市雨湖区广场街道和和平街道。长沙市

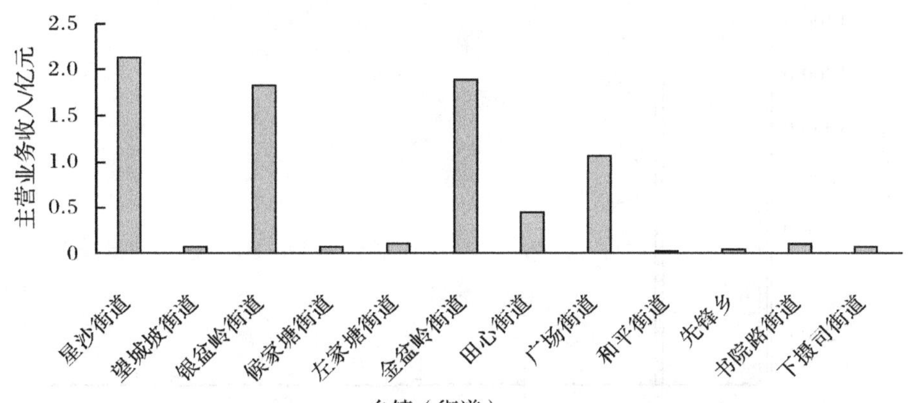

图 3－6　1998 年长株潭工程机械行业规模以上企业主营业务收入空间分布

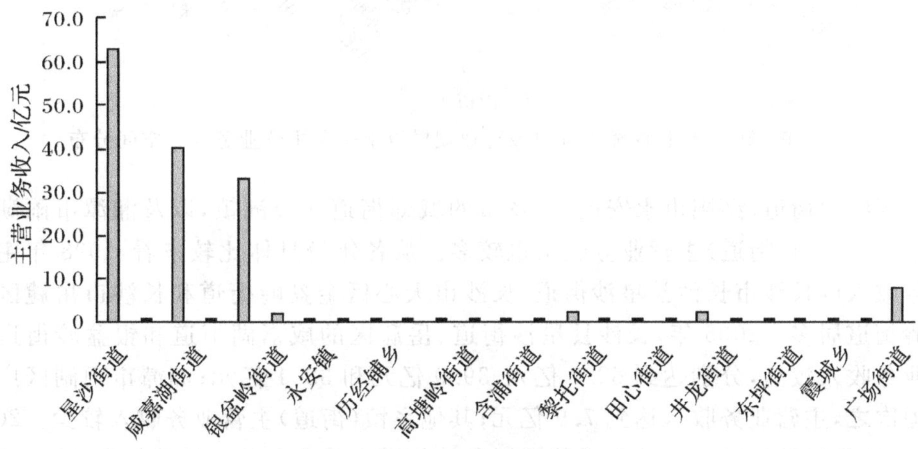

图 3－7　2005 年长株潭工程机械行业规模以上企业主营业务收入空间分布

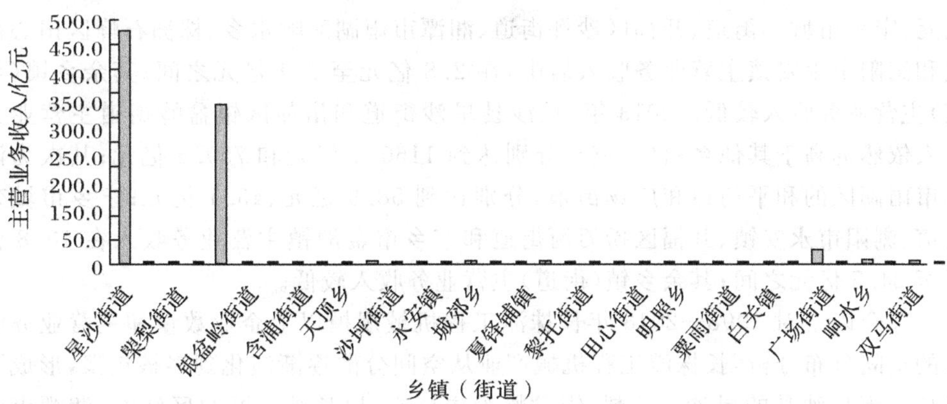

图 3－8　2009 年长株潭工程机械行业规模以上企业主营业务收入空间分布

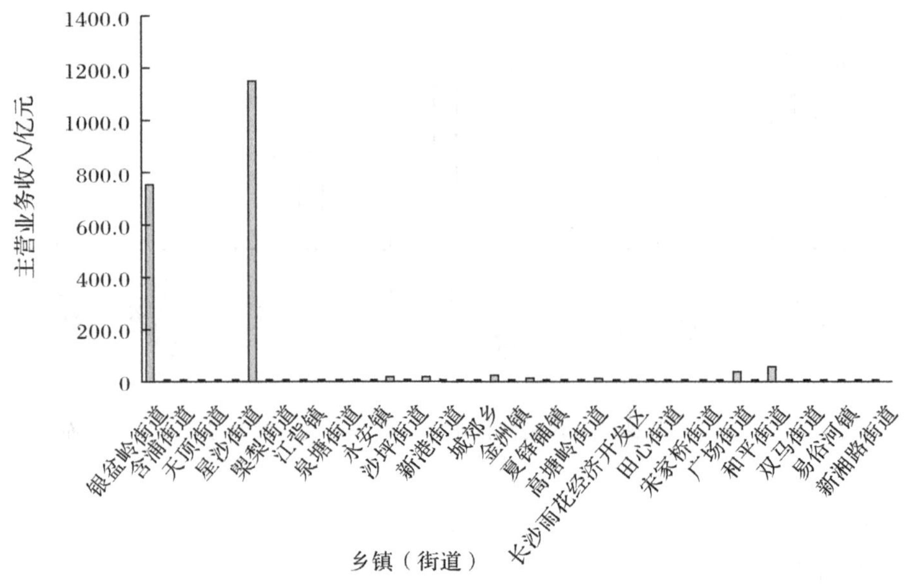

图 3－9　2013 年长株潭工程机械行业规模以上企业主营业务收入空间分布

开福区沙坪街道、浏阳市永安镇、宁乡市的城郊街道和金洲镇，以及湘潭市雨湖区响水乡等乡镇（街道）主营业务收入也较多。从各年份具体比较来看，1998 年主营业务收入以长沙市长沙县星沙街道、长沙市天心区金盆岭街道和长沙市岳麓区银盆岭街道居多。2005 年，长沙县星沙街道、岳麓区的咸嘉湖街道和银盆岭街道主营业务收入较高，分别达到 62.9 亿元、39.9 亿元和 33.1 亿元；湘潭市雨湖区广场街道次之，主营业务收入达到 7.9 亿元；其他乡镇（街道）主营业务收入较少。2009 年，长沙县星沙街道办事处和岳麓区银盆岭街道主营业务收入依然较高，分别达到 475.4 亿元和 326.5 亿元；其次为湘潭市雨湖区广场街道，主营业务收入达到 30.5 亿元；宁乡市城郊街道、开福区沙坪街道、湘潭市雨湖区响水乡、株洲石峰区田心街道和浏阳市永安镇主营业务收入居中，在 2.8 亿元至 8.4 亿元之间；其余乡镇（街道）主营业务收入较低。2013 年，长沙县星沙街道和岳麓区银盆岭街道主营业务收入依然远高于其他乡镇（街道），分别达到 1150.4 亿元和 759.6 亿元；其次为湘潭市雨湖区的和平街道和广场街道，分别达到 58.9 亿元、43.1 亿元；宁乡市城郊街道、浏阳市永安镇、开福区捞刀河街道和宁乡市金洲镇主营业务收入在 10.8 亿元至 24.5 亿元之间；其余乡镇（街道）主营业务收入较低。

综合以上对 1998—2018 年长株潭工程机械规模以上企业数量和主营业务收入的空间分布分析，长株潭工程机械产业从空间分散逐渐演化到多核集聚，形成了以长沙市长沙县的星沙—榔梨、银盆岭为主核心，以长沙市开福区沙坪、湘潭市雨湖区主城区、宁乡市东北部、浏阳市永安镇为次核心的多核结构（见图 3－10）。其中，长沙县星沙镇一直是长株潭工程机械产业最为集中的乡镇，该镇不仅集聚的工程机械企业数量多，而且企业规模较大，主营业务收入明显高于其他乡镇（街道）；岳麓区银盆岭街道虽然集聚企业数量较少，但因为是龙头企业中联重科的企业注册地，企业规模大，主营业务收入也高于大多数乡镇；湘潭市雨湖区和平街道和广场街道虽然集聚企业数量不算多，但因为主要企业规模较大，所以主营业务收入水平居中；宁乡市东北部的城郊街道、金洲镇、夏铎铺镇等乡镇虽然集聚企业数量和规模都不大，但因为空间距离近，三个乡镇加起来也形成了一个小的集聚中心；开福区沙坪街道、浏阳市永安镇集聚企业数量较多，但因为企业规模不大，所以主营业务收入不高。

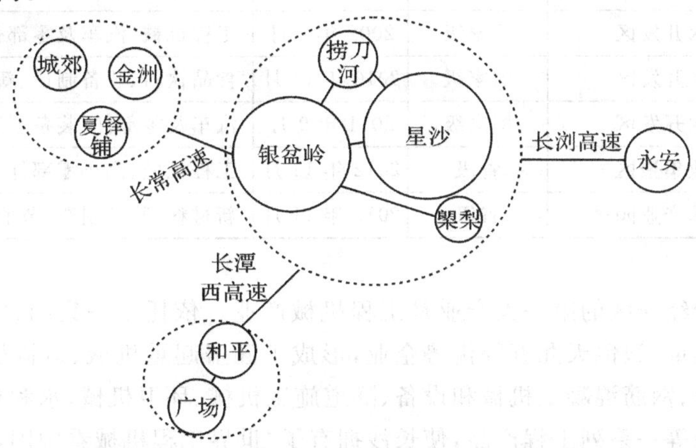

图 3-10 长株潭工程机械产业集群空间结构

3.1.3 产业集群与产业园区的空间分布相耦合

开发区是产业集群发展和创新的重要场所。中国各地政府引导建设的开发区多为产业特色鲜明、结构层次合理的工业聚集发展区或工业集群区[139]。根据《长沙市工程机械产业"十二五"发展规划》，长沙市工程机械产业主要分布在长沙经济技术开发区（以下简称长沙经开区）、长沙高新技术产业开发区（以下简称长沙高新区）、宁乡经济技术开发区（以下简称宁乡经开区）、浏阳制造园①内。

前文分析得出长株潭工程机械企业主要分布在长沙市星沙街道和银盆岭街道、湘潭市雨湖区和平街道、宁乡市东北部的城郊街道和金洲镇等乡镇（街道）、浏阳市永安镇、长沙市开福区捞刀河镇，正是长沙经开区、长沙高新区、湘潭经开区、宁乡经开区、宁乡高新区、浏阳高新区以及长沙金霞经济开发区（以下简称金霞经

① 浏阳制造园位于浏阳市永安镇，原为浏阳制造产业基地，2012 年获批省级工业集中区，2016 年 8 月 1 日更名为浏阳高新技术产业开发区，下文简称浏阳高新区。

开区)等园区所辖范围或所在地。因此,产业园区是长株潭工程机械产业集群发展的重要载体。根据《中国开发区审核公告目录》(2018 年版)及各园区网站,本书整理了长株潭三市以工程机械为主导产业的园区(见表 3-4),发现长株潭三市的 29 家产业园区中,有 6 家园区以工程机械或者以包含工程机械在内的装备制造业为主导产业,其中 4 家为国家级产业园区,2 家为省级园区。

表 3-4 长株潭以工程机械为主导产业的重点园区

开发区名称	国家级/省级	批准时间	主导产业
长沙高新技术产业开发区	国家级	1991 年 3 月	装备制造、电子信息、新材料
长沙经济技术开发区	国家级	2002 年 2 月	工程机械、汽车及零部件、电子信息
宁乡经济技术开发区	国家级	2010 年 11 月	食品饮料、装备制造、新材料
湘潭经济技术开发区	国家级	2011 年 9 月	汽车及零部件、装备制造、电子信息
长沙临空产业集聚区	省级	2012 年 11 月	工程机械、汽车零部件、印刷
宁乡高新技术产业园区	省级	2012 年 11 月	新材料、装备制造、节能环保

(1)长沙经开区的第一大产业是工程机械产业。依托三一集团、中联重科、山河智能、铁建重工、恒天九五等优势企业,形成了涵盖起重机械、运输机械、土方机械、桩工机械、钢筋混凝土机械和设备、隧道施工机械、环卫机械、水利机械、港口机械、海洋机械等一系列工程产品,使长沙拥有了“世界工程机械看中国,中国工程机械看长沙”的美誉①。2009 年,长沙经开区装备制造(工程机械)产业基地正式成为工信部首批国家新型工业化产业示范基地。

(2)长沙高新区的第一大主导产业是以工程机械为核心的先进装备制造业。该园区是全国重要的工程机械研发、生产和营销中心。中联重科、有色重机、奥盛特重工等重点工程机械企业都在此落户②。

(3)宁乡经开区和宁乡高新区也均以先进装备制造业为主导产业之一,两家园区分别拥有中联重科(宁乡工业园)、飞翼股份、协力液压等企业和三一重起、星邦重工等重点企业。

(4)湘潭经开区一直以工程机械、冶金装备和矿山机械三大类产品为主的先进装备制造业为其主导产业之一,依托泰富重工、江麓重工、恒润高科、新天和等核心企业,成为湖南省工程机械产业发展的重要园区。

(5)除了上述园区之外,浏阳高新区也一直围绕湖南工程机械主机企业进行产

① 资料来源:长沙经济技术开发区官网,http://www.cetz.gov.cn/yxyq/zjyq/cyjg/。

② 资料来源:《长沙市工程机械产业“十二五”发展规划》。

业配套，拥有中铁五新、德邦重工等工程机械企业。在国家政策扶持工程机械再制造工业的当下，浏阳高新区获批成为国家首批再制造产业示范基地，目前园区已集聚轩辕春秋、中大机械、三一再制造等工程机械再制造企业。

(6)开福区沙坪街道原属于捞刀河镇，是金霞经开区所辖的工业组团的一部分，该镇原来一直以工程机械为支柱产业之一，集聚了中立机械、中巨机械、天拓重工、桑尼重工等一批工程机械企业，主要对接三一重工、中联重科等龙头企业，重点生产混凝土机械、工程起重机械等装备配套产品，以及小型装载机、小型挖掘机等配套高端小型工程产品。

综上，从长株潭工程机械产业分布的园区来看，目前主要分布在长沙高新区、长沙经开区，此外，湘潭经开区、宁乡经开区也是重点分布园区，而宁乡高新区、浏阳高新区、金霞开发区等园区是重要配套园区。

3.2　产业集群发展历程

前文主要分析了长株潭工程机械产业集群的规模变化和空间变化特征，根据以上分析结果，结合相关文献资料和访谈调查结果得知，长株潭工程机械产业集群发展经历了几个较为明显的发展阶段(见图 3－11)：第一个阶段是 20 世纪 60—80 年代，关键历史事件促使工程机械产业在该地区萌芽；第二个阶段是 20 世纪 90 年代，中联重科、三一重工和山河智能等关键性企业相继成立；第三个阶段是 2001—2011 年，随着全国整个行业进入繁荣发展期，长株潭工程机械产业进入

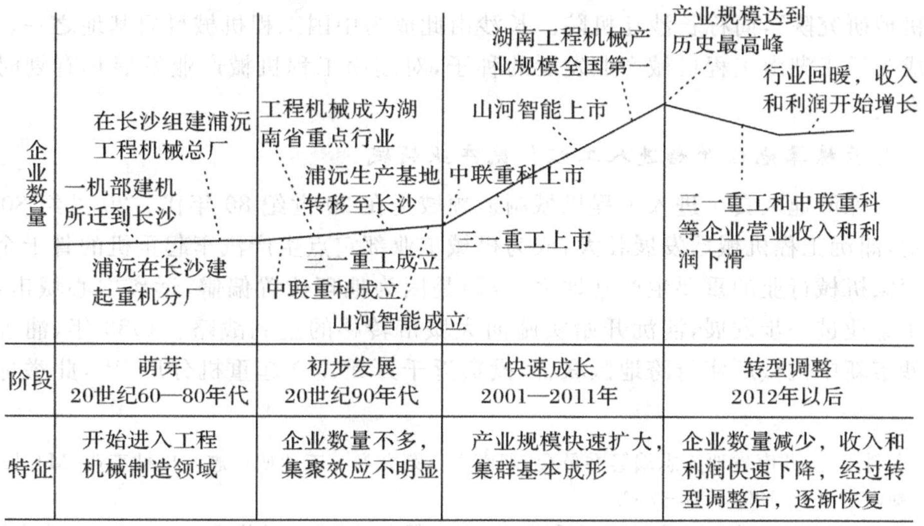

图 3－11　长株潭工程机械产业集群演化过程

高速发展阶段；第四个阶段是 2012 年以后，随着市场需求量大幅下降，整个行业进入转型调整期，核心企业寻求转型升级。同时，随着整个行业市场好转，长株潭工程机械产业集群尤其是核心企业恢复增长。下面对每个阶段的重要历史背景、关键事件、产业规模变化、核心企业成长、技术进步、市场变化等内容进行具体分析。

3.2.1 萌芽阶段(20 世纪 60—80 年代)

有学者认为关键性企业是产业集群诞生的“第一粒种子”[2]。当某地因为某种原因出现一个关键性企业，并且因为被模仿而出现新创企业，或吸引供应商在该地集聚，当同类或类似或相关企业集聚达到一定数目时，产业集群的雏形就形成了[2]。因此，关键性企业(“第一粒种子”)是产业集群诞生的标志[2]。

1. 促进长株潭工程机械产业集群诞生的“第一粒种子”

促进长株潭工程机械产业集群诞生的“第一粒种子”是 20 世纪 60 年代末由上海内迁至湖南的浦沅机械厂，以及由北京迁到湖南的第一机械工业部建筑机械研究所(以下简称一机部建机所)。湖南省工程机械行业整体起步较晚。20 世纪 60 年代，湖南只有几家工程机械厂，主要是引进和仿制建筑机械，品种少，产量低，工艺落后①。1965 年，国家以战备为指导思想，大规模在中西部地区建设国防、科技、工业和交通基础设施(三线建设)。在此背景下，1968 年，上海工程机械厂(生产桩工机械和压实机械)内迁至湖南常德，成立浦沅工程机械厂。1969 年，一机部建机所迁至湖南常德。1978 年，一机部建机所由常德迁至长沙，改名为“建设部长沙建筑机械研究院”，简称长沙建机院。长沙由此成为中国工程机械科研基地之一。这些成为后来湖南工程机械产业发展的种子，对湖南工程机械产业发展具有划时代的意义②。

2. 长株潭地区开始进入工程机械产业领域

长株潭地区真正进入工程机械制造领域是在 20 世纪 80 年代。20 世纪 80 年代初，浦沅工程机械厂发展壮大，成为机械工业部定点生产汽车起重机的骨干企业和国家机械行业的重要生产基地之一，但是因为地理位置偏僻、远离中心城市，影响了企业进一步发展，浦沅开始实施向大城市转移的空间战略。1983 年，浦沅与长沙市新中机械厂实行跨地区联合，投资近千万元建立起重机分厂[140]，此举标志

① 资料来源：湖南省地方志编纂委员会. 湖南省志第九卷 · 工业矿产志 · 机械工业[M]. 长沙：湖南出版社，1992：681 - 702.

② 正如 2007 年 2 月底，时任湖南省委副书记梅克保在湖南省加速推进新型工业化工作会议上特别强调：“长株潭工程机械产业的崛起首先得益于 20 世纪 60 年代末由北京迁到湖南的建设部长沙建设机械研究院。”

着长沙开始进入工程机械制造领域。1984 年，长沙组建浦沅工程机械总厂。至此，浦沅成为机械工业部生产全液压式汽车起重机的主要厂家之一。在这一时期，湖南工程机械的另一重要企业是江麓机械厂，该厂由晚清汉阳兵工厂发展而来，后改制成江麓机电集团公司，其生产的塔式起重机、压路机、环卫车等，至今在市场中仍占有一席之地。

3.2.2　初步发展阶段(20 世纪 90 年代)

20 世纪 90 年代，长株潭地区的工程机械企业开始发展起来。在这一时期，浦沅完成了生产基地从常德向长沙的空间转移。中联重科、三一重工、山河智能等企业也相继成立。工程机械开始成为活跃的产业并取得良好的经济收益，吸引更多资本投入该产业中，但此时企业数量还不多，集聚效应尚不明显。

1. 先驱企业成立

学者 Isaksen 认为由地方或“外部的”企业家建立的一个或几个先驱企业，是产业集群出现的触发因素[141]。对于长株潭工程机械产业来说，20 世纪 90 年代浦沅向长沙的战略转移以及中联重科、三一重工、山河智能等几家先驱企业的成立，成为工程机械产业能够快速发展起来并逐步发展为产业集群的关键。

1993—1997 年，浦沅完成了向长沙的战略转移。1993 年，浦沅工程机械总厂决定将生产重心向长沙转移，投资 1 亿元实施“湖南省工程机械基地建设计划”[142]，在长沙泉塘建立工程机械生产基地(东厂)。1995 年 12 月，浦沅工程机械总厂实行现代企业制度改革，为国有独资公司，更名为湖南省浦沅集团有限公司。1997 年，浦沅集团公司在长沙泉塘建成年生产能力达 20 亿元的国内领先的工程机械制造工厂，配备了美、日、德、俄罗斯等世界一流的生产设备，建立了 CAD 工作网络、ERP 生产制造系统、OA 办公自动化系统等，实现了生产经营中心的全部转移。同时，浦沅成为湖南省 7 家“双扶”企业之一。

在浦沅的发展壮大过程中，长沙又相继成立了中联重科、三一重工和山河智能等重要企业。1992 年 9 月 28 日，时任长沙建机院副院长的詹纯新创办了长沙中联建设机械产业公司，该公司为中联重科的前身，是长沙建机院体制改革孵化出来的新型高科技公司。2000 年，中联重科在深交所上市。1994 年 11 月 22 日，三一重工成立，其前身是 1989 年 6 月梁稳根等四人创立的湖南省涟源市焊接材料厂。该厂于 1991 年 9 月更名为湖南省三一集团有限公司。1994 年，三一集团提出“进入大城市长沙，进入大行业工程机械”双进战略，迁移到长沙。至此，中联重科和三一重工的成立，揭开了湖南省工程机械产业化发展的序幕。1999 年，在“专家教授办企业”浪潮下，中南大学何清华教授带领的研发团队创办了长沙山河工程机械有限公司，即现在山河智能公司的前身。

上述三家企业在 20 世纪 90 年代相继创办并各具特色。中联重科是国家级应用型科研院所转化的企业，三一重工是民营企业家创办的民营企业，山河智能是一家产学研结合的典型企业，这三家企业日后均成了湖南工程机械行业的领军企业。自此，长株潭乃至整个湖南的工程机械行业开始发展起来。但是在20世纪90年代初期，初步成长起来的长株潭工程机械企业的自主创新能力还比较弱，且发展模式与国内整个行业类似，即主要引进、模仿国外技术，扩大产能规模以满足市场需求。

2. 长株潭工程机械行业开始成长

政府政策的扶持对产业的发展非常重要。在湖南省“九五”计划（1996—2000年）中，首次明确将工程机械列为湖南省择优扶持的重点行业之一。1997—1999年，受东南亚金融危机、洪涝灾害和市场需求不足等因素的影响，湖南省经济在低谷中运行，大部分企业生产经营面临较大困难，经济效益持续下降，但工程机械行业仍保持增长。1997—1999年，湖南省10大机械行业中多数行业呈现不同程度的下降，而工程机械行业始终保持增长，增长率分别达到7.4%、7.0%、130.9%。1992—2000年，湖南省工程机械行业工业总产值和销售收入占机械行业比重分别由3.4%和4.6%上升到19.3%和18.8%①。这一阶段，长株潭工程机械企业数量仍不多，但产值、收入、就业人数等增长了数倍。截至2000年，规模以上工业企业有18家，主营业务收入达到18.3亿元，利润总额达到2.5亿元。

3.2.3 快速成长阶段(2001—2011年)

2001—2011年是长株潭工程机械产业发展的“黄金十年”，尤其是2009—2011年是工程机械行业发展的最高峰期。该阶段，企业数量达到一定规模，集聚效应显现，核心企业成长迅速，并吸引更多企业集聚，市场占有率快速提高，自主研发能力提升，配套产业也逐步发展，企业间竞争关系加剧，逐步形成了以多个核心企业主导、众多协作企业配合的多条供应链并行的组织形态[143]。

1. 工程机械产业快速成长

在此阶段，工程机械产业快速成长为湖南省机械行业的优势产业和成长性较好的产业，发展速度高于行业平均水平。2001年，湖南省工程机械行业工业增加值和利润总额均达到全国工程机械行业的第二位②。2010年，工程机械成为湖南省首个千亿产业集群，并且首次超过江苏、广东，成为全国最大的工程机械制造基

---

① 资料来源：湖南省地方志编纂委员会．湖南年鉴1993[M]．长沙：湖南年鉴社，1993：249；湖南省地方志编纂委员会．湖南年鉴2001[M]．长沙：湖南年鉴社，2001：187．

② 资料来源：湖南省地方志编纂委员会．湖南年鉴2002[M]．长沙：湖南年鉴社，2002．

地①。湖南的工程机械又主要集中在长株潭地区，仅长沙的工程机械产值就占全国的 23%、全球的 7.2%，是全国乃至全球最重要的工程机械研发和制造基地②。随着长株潭地区工程机械的快速发展，产业集中度越来越高，集群发展趋势越来越明显③。到 2011 年，长株潭工程机械产业规模以上企业达到 107 家，实现主营业务收入 2400.1 亿元，并且主要集中于长沙经开区、长沙高新区、湘潭经开区等产业园区。

正如笔者访谈的长沙某工程机械企业一位副总裁所言："2008—2011 年是该行业发展高峰期，利润高，增长猛，背后的原因是国防投资，形成了投资效应，各种类型的企业，包括国企、民营企业、外资企业都投资这个领域，投资建厂，甚至一些不懂工程机械的企业也投资，比如××企业，它是一个酒类企业，也办了一个挖掘机厂，当然血本无归。这是中国企业每个行业的特点。结果就造成了现在的产能过剩。"湖南经信委某部门负责人对这一阶段长株潭工程机械产业的快速发展有相当大的感触，他说："2001 年，整个长沙市的工程机械只有十几个亿，十几亿相当于没有。自从那以后，就进入快速成长，特别是 2007 到 2010(年)这几年快速增长。尤其像三一他们一百、两百、三百、四百(亿)的(规模不断突破)。短短的十年，到了 2010 年、2011 年的时候，基本上在全国已经叫得很响。"

2. 核心企业强劲增长

核心企业的强劲增长是集群增长阶段的重要特征[25]。2001—2011 年，中联重科、三一重工、浦沅集团、山河智能、江麓机械等工程机械企业得到快速发展，市场占有率、知名度和影响力都得到了大大提升，尤其是三一重工、中联重科迅速成长为该行业的全球知名企业，主营业务收入实现了从 10 亿元到 100 亿元的跨越。2001 年，三一重工利润总额达 2.29 亿元，位列全省 10 大营利企业的第 4 名，人均销售收入、人均利润总额和人均工资总额等指标创行业新高。2003 年 7 月 3 日，三一重工在上海 A 股上市并于 2005 年 6 月 10 日成为首家股权分置改革成功并实现全流通的企业，被载入中国资本市场史册[144]。2006 年，中联集团和三一集团成为湖南省机械行业首批百亿企业。同年，山河智能在深交所上市。2010 年，中联重科又在香港联交所成功上市，总资产 700 多亿元。2010 年，中联集团、三一集团实现 50 亿元产销规模，成为全国工程机械企业的排头兵。2011 年，三一挖掘机首次超过日本小松成为国内挖掘机市场占有率第一名，这是国内品牌 20 余年来在中国挖掘机市场第一次超过外资品牌。2011 年 7 月 1 日，三一重工首次入围英国

---

① 资料来源：湖南省地方志编纂委员会. 湖南年鉴 2012[M]. 长沙：湖南年鉴社，2012.

② 资料来源：邹靖方. 长株潭加快打造世界工程机械之都[N]. 湖南日报，2011-10-12(06).

③ 资料来源：湖南省地方志编纂委员会. 湖南年鉴 2007[M]. 长沙：湖南年鉴社，2007；湖南省地方志编纂委员会. 湖南年鉴 2008[M]. 长沙：湖南年鉴社，2008.

《金融时报》"全球 500 强"，成为中国机械行业首家进入世界 500 强的企业。2011 年，中联重科、三一集团主营业务收入均突破 400 亿元。

中联重科、三一重工和山河智能等龙头企业的快速发展，拉动了整个行业的快速提升。随着三一重工、中联重科和山河智能三家骨干企业的快速崛起，带动了一批工程机械及相关企业落户长沙等地，比如中铁轨道重装分公司、长沙方圆、奥盛特重工、湖南中立等。这些企业重点集中在长沙经开区和长沙高新区，部分企业逐步向浏阳高新区和宁乡经开区等园区集聚。

3. **自主研发能力不断增强**

工程机械产业集群企业规模不断扩大的同时，企业自主研发能力也显著提高。

中联重科是我国首家获国际标准化组织（ISO）正式成员资格的工程机械企业，企业每年的专利申请量以 20% 的速度递增。中联重科自成立以来，先后承担了"九五""十五""十一五"和"863"等国家重点科技攻关课题和专题几十项，主持、参与国家和行业标准的制定和修订一百余次。2006 年，中联重科的企业技术中心获国家级技术中心称号。2011 年，中联重科成为全国首批、湖南省内唯一一家入选国家工业和信息化部、财政部联合认证的"2011 年国家技术创新示范企业"。

三一重工每年用于研发的经费占其销售收入的 5%～7%。三一重工一直致力于生产世界一流产品。凭借技术创新实力，2002 年，三一重工技术中心成为湖南省机械行业首家国家级技术中心，2005 年和 2010 年三一重工两次荣获"国家科技进步二等奖"。

高校背景出身的山河智能公司自主创新实力也较强。2009 年，山河智能获批"国家博士后科研工作站"。同年，被国家科技部评为第四批"国际科技合作基地"，被国家发改委、科技部、财政部、海关总署、国家税务总局 5 部委联合授予"国家认定企业技术中心"。2010 年，山河智能获评"国家火炬计划重点高新技术企业"。

上述这些企业形成了各具特色的创新模式或体系[145]。长株潭工程机械企业的技术创新模式也由最初的模仿创新，发展到集原始创新、集成创新和引进消化吸收再创新三位一体的技术创新模式[146]。随着企业创新能力的提升，各项举世瞩目的重大技术突破和研发成果相继问世（见表 3－5），大大提升了长株潭工程机械水平，推动了长株潭工程机械产业集群的快速发展。

表 3-5 2001—2011 年核心企业自主创新重大成果

企业名称	企业自主创新成果
中联重科	(1)2004 年,我国首台特殊物料输送泵在中联重科问世;同年,中联重科设计生产了我国首台 LR4400 沥青路面加热机,中国沥青路面维护领域进入新时代。 (2)2005 年,中联重科中标事业部成功研制国内最大吨位的高压清洗车 ZLJ520GQX;湖机事业部成功开发出国内首台全自动宽带分齿机。 (3)2006 年,国内最大的 BG2100 路面冷铣刨机在中联重科问世;中联重科研发的当时我国最大的 QUY600 型履带起重机下线,打破了中国大型液压履带起重机完全依赖进口的局面;中联重科造出我国最大激振力压路机 YZ27。 (4)2007 年,中联重科完全自主研发、拥有多项专利的国内第一台自行式布料泵成功下线;中联重科成功开发世界首台能清扫路缘的纯吸式扫路车。 (5)2008 年,我国最大吨位建筑用动臂式塔机在中联重科下线。 (6)2009 年,中联重科推出 350 吨全地面起重机、1000 吨履带式起重机,标志着中联重科掌握了世界一流超大吨位起重机制造技术。 (7)2011 年,中联重科成功研发最大起重量达 3200 吨的超大吨位履带起重机,该起重机是世界起重能力最强的移动式起重机。 (8)2011 年,中联重科与中铁大桥局联合研制的 D5200—240 塔式起重机下线,该起重机是世界最大的水平臂上回转自升式塔式起重机
三一重工	(1)2006 年,被誉为"神州第一吊"的三一 400 吨履带起重机下线。 (2)2007 年,三一泵创下了 492 米的世界泵送高度;同年,三一诞生世界首台微泡沥青水泥砂浆车,攻克了高铁施工核心技术的世界性难题。 (3)2009 年,三一重工成功研制世界第一座高铁干混砂浆搅拌站,首创长桥比世界第一的三桥 46 米和四桥 56 米泵车。 (4)2010 年,三一生产的国内首台千吨级全地面起重机下线。 (5)2011 年,三一重工研制出被誉为"全球第一吊"的 3600 吨世界最大履带起重机;其研制的 86 米泵车再次刷新最长臂架泵车吉尼斯世界纪录

资料来源:中联重科、三一重工的官方网站及企业年报。

4. ***海外扩张加速***

核心企业在国内市场占有率不断提升的情况下,积极实施国际化战略,以海外并购和市场开拓为主要手段,使得其国际化水平快速提升(见表 3-6)。

表 3-6 2001—2011 年核心企业市场开拓和海外扩张进程

企业名称	市场开拓和海外扩张
中联重科	(1)2001 年,中联重科收购英国保路捷,是中国在入世后首次成功并购国际知名企业的国内企业。 (2)2002 年,中联重科收购湖南机床厂,开启企业间重组并购的“中联模式”。 (3)2003 年,长沙建机院、浦沅集团、中联重科、浦沅工程机械有限公司实现四方重组并购。“中联”和“浦沅”两大行业知名品牌实现强强联手;2003 年 9 月,中联重科收购中标公司,拥有了环卫机械这一优质、成熟的业务板块。 (4)2008 年,中联重科收购了陕西新黄工、湖南汽车车桥厂、华泰重工、常德信诚液压和意大利 CIFA,成为世界最大的混凝土机械制造商
三一重工	(1)2002 年,三一重工第一台出口设备销往摩洛哥,开启国际化征程。 (2)2006 年,三一重工投资 6000 万美元在印度普纳建设首个海外研发制造基地。 (3)2007 年,三一重工成立三一美国有限公司,开始在北美地区投资 6000 万美元、征地 106.67 公顷建设一个海外研发、制造中心。 (4)2008 年 5 月,三一重工德国公司正式开业。 (5)2009 年,三一重工投资 1 亿欧元在德国建设欧洲研发制造基地,这是中国企业在欧洲最大的一笔工业投资。同年,三一重工的印度工厂竣工投产。 (6)2010 年,三一重工收购三一汽车制造有限公司和湖南汽车制造有限公司,汽车起重机和混凝土搅拌运输车成为其新的业务领域;同年,三一重工投资了 2 亿美元在巴西建设第四个大型海外研发基地。三一重工首个海外工业园——印度浦那——投入营运。 (7)2011 年,三一挖掘机全球销量首次超越外资品牌获得第一

资料来源:中联重科与三一重工官网。

3.2.4 转型调整阶段(2012 年以后)

湖南工程机械行业在经历了 2001—2011 年的高速增长后,走向平稳发展,从 2012 年起,增速出现较大幅度回落。

2011 年下半年以来,中国政府加大了对经济的宏观调控力度,针对路桥建设和房地产等基建工程采取放缓或延迟处理,导致市场对工程机械等相关产品的需求量大幅缩减,工程机械行业整体面临市场滑坡。到 2013 年,湖南省工程机械行业除出口产品交货值上升外,工业增加值、主营业务收入、利税、利润等主要经济指标均出现不同程度的下滑。在生产经营指标方面,规模工业总产值、工业增加值分别同比下降 6.4%、6.0%;在效益指标方面,主营业务收入、利税、利润分别同比下降9.3%、25.2%和 36.3%;而全年应收账款净额为 666.87 亿元,同比增长 45.6%[147]。

在整个行业不景气的背景下，三一重工和中联重工等龙头企业的发展也面临空前困难，企业销售收入和利润连续下滑。从营业收入来看，三一重工和中联重科分别从 2011 年内的 507.76 亿元和 463.23 亿元下滑到 2015 年末的 233.67 亿元和 207.53 亿元。两家公司的净利润也出现了更大幅度的下滑，五年时间分别从 80 多亿元的水平暴跌至 1 亿元的水平。2016 年，中联重科甚至出现亏损。同时，三一重工员工也曾一度锐减到一半①，甚至有一批企业倒闭。

在这一阶段，核心企业为应对危机，积极调整企业经营战略。三一重工、中联重科等一方面为满足市场需求，积极提升产品的智能化水平并向其他相关领域拓展；另一方面继续推进国际化战略，积极响应国家"一带一路"倡议，促进产品出口，扩大海外市场[148]。受访中某企业高管表示："2012、2013 年之后，这个行业就开始衰落，各个厂家就采取措施，补短板就是要创新，包括工业 4.0、智能化产品，都是发力搞这个，所以尽管是行业低谷，但是创新进入高峰期。我们已经弯道超车，新产品拉近了与世界先进国家的距离。"

2016 年下半年，随着国家和各地区一些重大项目的开工、"一带一路"倡议启动、海外基础设施建设市场的开启、PPP 模式的成熟、工程机械产品更新换代等，工程机械行业呈现触底恢复态势，工程机械主要产品的生产经营环境极大改善，上市公司增势强劲。2017 和 2018 年，中联重科和三一重工两家龙头企业结束了 4 年的营业收入和利润连续下滑的处境，连续 2 年实现增长。其中，三一重工在 2018 年实现营业收入 558.22 亿元，达到公司历史最高水平，遥遥领先其他工程机械企业。

3.3　产业集群生命周期判断

产业集群的发展遵循生命周期规律，呈明显阶段性特征[149]。在前面两节对产业集群时空演化和发展过程分析基础上，基于产业集群生命周期理论和已有关于产业集群生命周期的研究成果，本节划分了长株潭工程机械产业集群的生命周期阶段。

学术界对于产业集群生命周期阶段划分及各阶段特征已大体形成共识[36]。关于产业集群演化的生命周期阶段，学者们大都采用了起步期、成长期、成熟期、衰退期或转型期的四阶段划分法[32,34-36]。对于产业集群生命周期阶段的划分，多数学者都将企业数量、员工人数的差别，或者是企业的进入和退出的数量变化、企业地理集中度和网络关系的转变等看作集群生命周期不同阶段的主要区别[25,31-32,39]。本研究基于长株潭工程机械产业集群演化过程的分析及上述研究成

① 数据来源：中联重科和三一重工 2012 年、2016 年、2017 年公司年报。

果，对该集群的生命周期进行划分，如表 3－7 所示。

表 3－7　长株潭工程机械产业集群生命周期及阶段特征

时间	生命周期阶段	阶段特征
1960—2000 年	起步期	企业数量少，增长速度慢，企业无明显地理集中现象
2001—2011 年	成长期	企业数量和从业人数增长迅速，集群规模快速扩张，核心企业强劲增长，创新能力快速提升，企业地理集中的形态越来越明显，集群供应链逐步形成，集群内逐步形成核心-边缘的网络结构
2012 年至今	转型期	产业集群规模和集群内网络关系趋于稳定，但集群增速大幅下降，核心企业转型调整，进入新的增长阶段

(1)产业集群起步期。这一阶段还不能称为真正意义的集群。此阶段，企业数量较少，企业增长速度慢，种子企业开始出现并成长[150]。由前文分析可知，在 20 世纪 60—80 年代，长株潭才诞生工程机械“种子企业”，刚刚进入工程机械领域。到 20 世纪 90 年代，中联重科、三一重工、山河智能等企业相继成立。但直到 2000 年，也仅有规模以上企业 18 家，从业人数 13965 人。而且，在该阶段，企业还没有明显地理集中现象[32]。由前文对产业集群空间格局演变的分析可知，这一阶段，长株潭工程机械规模以上企业零星分布于长沙市和湘潭市主城区，没有明显的地理集中现象。因此，从 20 世纪 60 年代直到 2000 年，一直是该产业集群的起步期。

(2)产业集群成长期。该阶段新企业快速衍生，企业数量和从业人数增长迅速[36]，衍生过程和集群企业都表现出较高的增长率[32]，集群规模快速扩张。2001—2011 年是长株潭工程机械行业规模扩张最快的阶段，规模以上企业数量由 18 家增长到 2011 年的 107 家，从业人数 189001 人，新增企业 89 家，主营业务收入年增长率达到 54.9%。同时，领先企业的强劲增长也是该阶段的显著特征[25]。三一重工、中联重科和山河智能等核心企业，在此时期快速成长为具有全球知名度的行业领导者，自主创新能力大大提升。在空间上，企业在长沙市的长沙县、岳麓区和湘潭市雨湖区等地的地理集中形态越来越明显。而且，由于领军企业盈利和品牌效应，配套服务企业数量急剧增加，逐步形成产业集群的供应链[36]。由于拥有主导技术的领先企业的出现，比如三一重工、中联重科和山河智能，初步形成了以核心企业为中心、中小企业在其周边集聚的核心-边缘的网络结构，集群步入成长阶段[39]。因此，2001—2011 年为长株潭工程机械产业集群的成长期。

(3)产业集群转型期。2011 年以后，长株潭工程机械产业集群表现出产业集群生命周期成熟阶段的特征。比如，产业集群规模趋于稳定，集群内各经济主体形成了较为稳定的关系网络[36]。2012—2018 年，长株潭工程机械产业集群规模以上企业数量虽然有所减少，从 107 家减少到 98 家，但变化幅度不大。另外，该集群也表现出集群衰退或转型期的特征。比如，产业集群增速大幅下降，甚至出现负增长[32]。2012—2017 年，长株潭工程机械主营业务收入增速从 1.0%快速下跌至 −53.3%。但是，通过整合和应用新技术和知识，产业集群可以进入新的增长阶段[32]。近几年，长株潭工程机械产业集群尤其是核心企业不断调整经营战略，积极提升产品的智能化水平并向其他领域拓展，自 2017 年以来随着行业复苏，有恢复增长迹象。比如三一重工的主营业务收入继 2011 年之后，在 2018 年再次达到历史新高峰，高达 543 亿元。但是，从当前全球工程机械产业发展趋势来看，增量市场变成存量市场，对产品的高端化、智能化、网络化、绿色化和节能化要求更高，对企业创新能力和后市场服务要求更高，而长株潭工程机械产业集群依然面临发育不成熟，产业配套能力不足，核心企业关键技术受制于国外，中小企业自主创新能力弱等诸多问题，产业集群依然面临转型升级的巨大压力。因此，未来一段时间，该产业集群仍然将处于进一步完善产业链、进一步提升集群创新能力的转型期。

基于上述特征，本研究认为该产业集群在成长期之后直接进入了转型期，并且当前依然处于转型期。

3.4 本章小结

本章利用企业数量、从业人数、主营业务收入等主要指标分析长株潭工程机械产业集群的时空演化过程，并划分了其生命周期阶段，得到的主要结论如下：

(1)该产业集群规模基本经历了从缓慢增长、快速增长到波动发展的变化过程。缓慢增长阶段为 20 世纪 90 年代，整个产业规模还比较小。快速增长阶段为 2001—2011 年，规模企业数量迅速增长，到 2011 年达到发展顶峰。波动发展阶段为 2012 年前后至 2018 年，规模以上企业数量减少，企业经营困难，企业收入大幅下滑。随着市场复苏，核心企业在近两年的主营业务收入恢复增长态势。

(2)该产业集群空间形态从空间分散逐步演化为多核集聚。基于县级尺度的分析发现，大多数企业尤其是规模较大企业主要集中在长沙市的长沙县、岳麓区，以及湘潭市的雨湖区，长沙市开福区、宁乡市、浏阳市等也集中了较多但规模相对小的企业。基于乡镇尺度分析发现，该产业集群逐步形成了以长沙市长沙县的星沙—榔梨、岳麓区的银盆岭为主核心，以长沙市开福区沙坪、湘潭市雨湖区主城区、宁乡市东北部、浏阳市永安镇为次核心的多核结构。上述空间分布结构基本与以工程机械为产业发展重点的产业园区分布一致，产业园区已成为长株潭工程机械产业集群发展的重要空间载体。

(3)对长株潭工程机械产业集群发展历程的分析发现，该集群发展历程与集群规模变化吻合,大致可以分为四个阶段。该集群起源于 20 世纪 60 年代的偶然事件。20 世纪 90 年代,浦沅向长沙的战略转移以及中联重科、三一重工、山河智能等几家先驱企业的成立,标志着该产业开始发展起来。2001—2011 年,在整个行业发展高峰期进入快速成长阶段,核心企业快速成长,自主研发能力不断增强,对外扩张加速,产业规模快速扩大。2012 年以后,在整个行业不景气的背景下,该集群进入发展困难时期,核心企业谋求转型和海外市场拓展。2017 年,随着行业市场好转,核心企业又呈恢复增长态势。

(4)根据该产业集群各发展阶段的特征,基于产业集群生命周期理论,判断该产业集群经历了起步期、成长期和转型期三个生命周期阶段。由于当前行业发展趋势对产品和技术的要求,以及产业集群自身发展的不足,导致该集群目前及将来一段时间仍将处于转型期。

第4章

长株潭工程机械产业集群的多维度分析

本章首先构建产业集群的“六维”分析框架并分析各维度的内涵，然后在这个框架的基础上，分析长株潭工程机械产业集群的各维度发育特征，最后进行小结。

4.1　产业集群“六维”分析框架

产业集群形成与发展涉及水平和垂直维度的企业地理集聚、集群发展的制度环境建设、集群创新和增长的外部动力等多个维度，因而对产业集群的分析需要基于多维度视角。在产业集群各维度的相关研究方面，国内外学者主要关注了产业集群的水平维度的企业集聚和增长，以及垂直维度供应商的集聚[5-6,42]，然而仅有这些维度不足以全面解释产业集群的特征及其成长规律[45]。也有研究证实了产业集群外部关系是集群创新和增长的外部动力，但是对产业集群外部联系如何建立，如何影响集群形成与发展，并没有深入的探讨。已有研究也过分强调企业之间的和谐关系的重要性，实际上很多地方产业集群内企业间是不平等的权力关系，这种关系是理解集群如何运作的关键，但经常被忽视[46,121]。此外，正式制度在中国产业集群发展中扮演着重要的角色[151]，同时因政治体制的差异，中国的制度维度作用力性质又显著与西方发达国家不同，因此，制度维度是中国产业集群形成机制研究中必须特别重视的一个维度。为了解决已有产业集群分析框架的不足，学者Bathelt构建了多维集群分析框架，从水平、垂直、制度、外部和权力关系五个维度解释集群的成长[44-48]。

产业集群发展总会遇到各种冲击或扰动而难以保持持久性。即使集群有各种优势或者集群企业可以享有集群的各种好处，比如本地网络、信息溢出以及可利用的相关和支持行业的优势，但所有这些都不足以确保集群的持久性[152]。产业集群处在动态变化的环境之中，在发展过程中会遭遇各类风险冲击，无论是激烈或缓慢的冲击都可能使其陷入困境，有些集群在冲击后能够迅速恢复，重回增长轨道，有些则逐渐衰落。为此，学术界引入了经济韧性的概念，试图理解不同地区或产业抵御经济冲击和恢复能力的差异[153]。因此，韧性理应成为分析集群的一个重要维度，它是保证集群持续发展的关键。但是，Bathelt 的多维集群分析框架忽视了集群的这一能力。

本研究在 Bathelt 多维集群分析框架中新增加了韧性维度，构建了产业集群的“六维”分析框架（见图 4－1），并基于此框架解析长株潭工程机械产业集群的发育特征。

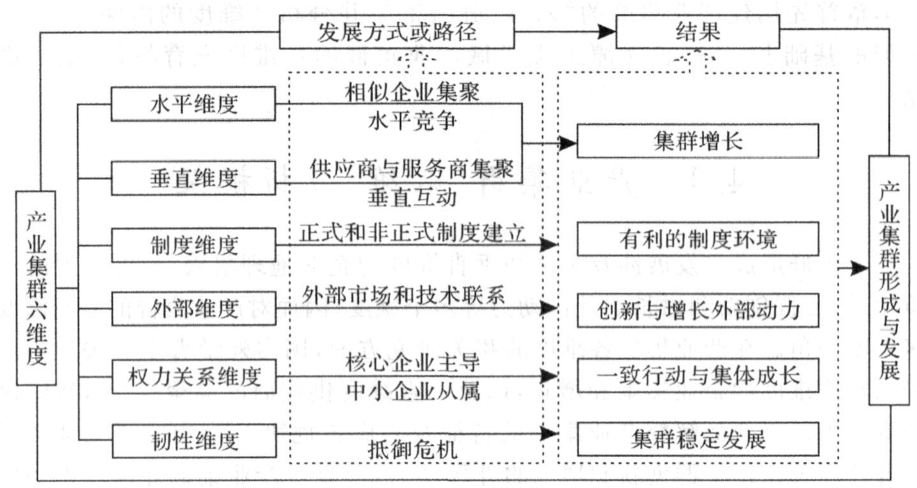

图 4－1　产业集群的“六维”分析框架

1. **水平维度**

水平维度由一个区域内生产类似商品并相互竞争的企业组成。水平维度在集群形成和专业化的早期阶段起着决定性的作用[47]。虽然具有相似能力的竞争企业很少相互合作或密切互动，然而共区位提供了一个机会：可以密切关注竞争对手，并将自己的经济表现与竞争对手进行比较。即使在没有联系的情况下，企业也会了解到竞争对手以及他们的行为，因为他们在相同的环境下运营，这就为产品差异化、过程优化和降低成本创造了强大的动力[44]。

2. **垂直维度**

垂直维度对集群的持续增长非常重要[46-47]，由那些具有互补产品或能力的企业组成。这些企业可以从集群内的密集交易中受益，并形成可交易的相互依赖的网络。这激励供应商和服务商向这些客户靠拢以供应区域市场。企业受益于较低的运输成本和交易成本，获得规模经济和竞争优势。通过这种方式，现有集群持续增长，从而促进劳动力市场的专业化[44]。大量文献表明，复杂的创新过程在很大程度上依赖于供应商-生产者-用户的互动和相应的学习过程[47]。但是，集群的水平维度和垂直维度之间存在着权衡：如果当地生产系统内的社会劳动分工非常发达和复杂，那么供应商在产业集群中选址的愿望就很高；与此同时，社会分工越深入，对竞争对手进行观察的机会就越少，越没有机会获得强大的水平集群维度。只有通过持续的集聚过程，才能扩大垂直分工以及变异分化的水平维度机会[47]。

3. **制度维度**

制度对实现集群内企业间的沟通和协作非常重要。一个适当的制度框架能够使专业用户和生产者讨论和解决特定问题[154]。集群内制度的建立有助于形成合理的预期,激发信任,并增强生产者与用户之间联系的稳定性[45]。企业集聚有利于信息传播,企业无须进行特别的信息检索或投资就能获取相关信息,因为企业身处集群中,就会自动暴露于技术、市场和战略的新闻报道、消息、传言和建议中[47]。然而,如果企业倾向于封闭而不学习和互动,那么这种非正式制度就难以形成。另外,正式制度在支持创建企业、促进集群兴起和发展中可以发挥更大的作用[47]。

4. **外部维度**

集群不能只关注其内部联系,还必须认识到它们的外部维度[154]。这是因为产业集群不是孤立存在的,它们通常依赖于外部市场并应用集群外部开发的技术[47]。关于本地交易的实证分析也发现,根本不存在广泛的本地交易。即使在同一区域内有许多相关企业的情况下,大多数企业与所在区域内的其他企业的买卖关系也非常有限[43]。如果集群主要依赖内部市场和本地知识,集群就无法完全展现其增长潜力。如果供应商、生产商和客户之间的本地联系变得过于僵化和过于排斥,只关注少数当地参与者,就有可能导致锁定,限制企业未来增长。因此,集群对外开放程度必须足够大,以最大程度获取外部创新和增长的动力[47]。

5. **权力关系维度**

不平等的权力关系是塑造集群的重要力量[46]。集群不会自动包含一组彼此协调合作以实现共同目标的相关企业。集群的水平和垂直维度是由现有的权力关系和不对称因素决定的,这些权力关系和不对称因素影响了集群代理人对其监管环境和外部市场变化做出反应的能力[48]。权力在集群网络中产生了某种等级或支配地位,这有助于解决行动者之间的冲突并加速决策过程[47],使集群参与者一致行动并集体成长[48]。当然,这也会存在危险,即企业在特定的等级制度中产生过多的信任,并且过于依赖主导行动者。如果集群由少数参与者主导,可能会造成技术锁定[46],因此在权力不对称和盲目自信的集群中需要有所权衡[44]。

6. **韧性维度**

区域或地方经济韧性被认为是区域或地方经济抵御市场、竞争和环境的冲击或从中恢复的能力[52]。Martin 等认为一个区域的韧性包括区域面对各种冲击的脆弱性,区域对冲击的抵抗力,受到冲击后调整适应的能力,以及从冲击中恢复的程度四个连续的过程[52]。受到冲击时,脆弱性高的区域抵抗力低,而受冲击影响后,调整适应越迅速的地区恢复得越好[51,71]。所以,抵抗力的大小反映了区域脆弱性,而恢复力的大小反映了区域适应调整能力[51,71]。因此,不少学者一般借鉴 Martin 等的方法[52,55],通过测量抵抗力和恢复力来反映区域经济系统抵御冲击并从冲击中恢复的经济韧性能力[51,71-72]。借鉴区域经济韧性的研究成果,笔者认为对于产业集群韧性的衡量也可以从抵抗力和恢复力两个方面来测度。抵抗力是产业集群抵抗冲击或扰动的能力，受区域产业结构多样性、劳动力供给，以及产业集群发展规模及其增长速度等的影响[20,52,55,63,70,155]。恢复力是指产业集群在遭遇冲击后调整适应并恢复增长的能力，产业集群的创新能力、对外开放程度和自身发展活力都影响其恢复力[52,70,156]。

4.2 水平维度：主机生产企业

对于长株潭工程机械产业集群，水平维度主要是指工程机械的主机生产企业。这些主机生产企业的生成、发展、创新等活动将促进集群水平维度的发展。

4.2.1 主机生产企业的数量增长

长株潭工程机械产业集群水平维度较为发达。如图 4－2 所示，从企业数量上看，2018 年长株潭工程机械规模以上主机生产企业达到 60 家左右，且规模企业数量呈现长期增长后小幅下降的趋势。1998—2013 年，规模以上主机生产企业数量持续增长，从 1998 年的 11 个增加到 2013 年的 67 个，之后小幅下降到 2018 年的 59 个。主营业务收入从 1998 年的 7.7 亿元增加到 2013 年的 2104.3 亿元。除企业数量较多之外，长株潭工程机械产业集群集聚的工程机械主机生产企业知名度较高，有的企业已成为世界级知名企业，比如入围“全球工程机械企业 50 强”的中联重科、三一重工、山河智能、铁建重工等行业龙头企业，还有恒天九五、泰富重工等全国行业知名度很高的企业。

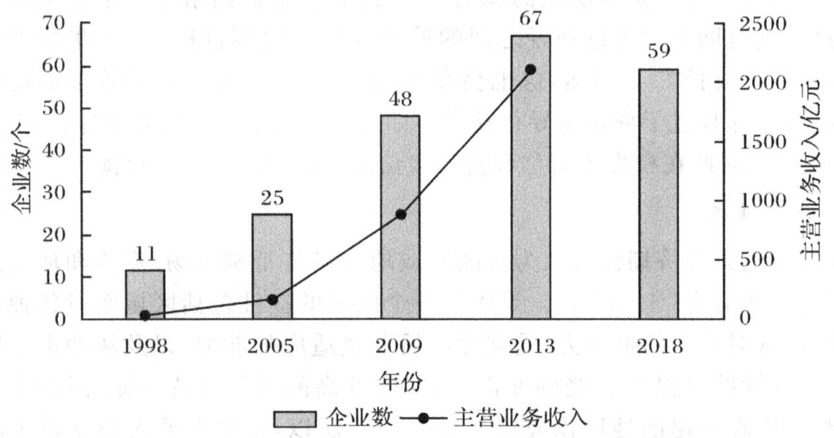

图 4－2 长株潭工程机械产业集群水平维度

4.2.2　主机生产企业的空间特征

企业的地理分布会呈现不同的空间模式类型，在此利用平均最近邻指数度量主机生产企业的空间模式。平均最近邻指数测量每个要素的质心与其最近邻要素质心位置之间的距离，然后计算这些最近邻距离的平均值①。如果这个平均值小于假设中随机分布状态的期望平均距离值，则可以认为所分析的要素分布为集聚模式；反之，则为离散模式。平均最近邻指数(ANN)的数学模型如下：

$$\text{ANN} = \frac{\overline{D_0}}{\overline{D_E}} \tag{4-1}$$

式中，ANN 为平均最近邻指数。若 ANN＝1，说明点状要素空间分布为随机分布；若 ANN＞1，说明点状要素空间分布为离散分布；若 ANN＜1，说明点状要素空间分布为集聚分布。$\overline{D_0}$ 是观测到的每个要素与其最近邻要素之间的平均距离；$\overline{D_E}$ 是给定随机分布状态下要素的期望平均距离，两者的计算公式分别如下：

$$\overline{D_0} = \frac{\sum_{i=1}^{n} d_i}{n} \tag{4-2}$$

$$\overline{D_E} = \frac{0.5}{\sqrt{n/A}} \tag{4-3}$$

式中，n 代表要素的总数；d_i 是要素 i 与其最近邻要素之间的距离；A 代表围绕所有要素的最小外接矩形的面积。

本研究利用 ArcGIS 10.2 软件的空间统计工具中的平均最近邻指数，以长株潭工程机械主机生产企业的坐标点为基础数据，计算得到主机生产企业在五个时间截面的平均最近邻指数值及其显著性，并得出了各年份企业空间模式类型，见表 4－1。

表 4－1　长株潭工程机械主机生产企业的平均最近邻指数及空间模式类型

年份	平均最近邻指数值	P 值	模式类型
1998	1.229	0.146	不显著
2005	1.221	0.043	离散分布
2009	0.673	0.000	集聚分布
2013	0.605	0.000	集聚分布
2018	0.548	0.000	集聚分布

① https://resources.arcgis.com/zh-cn/help/main/10.1/index.html#//005p0000000p000000。

总体来看，随着时间的变迁，长株潭工程机械主机生产企业在空间上的模式类型越来越呈现集聚分布的模式。具体来看，表 4-1 中显示出主机生产企业的平均最近邻指数值各不相同且逐年降低，显著性 P 值除了 1998 年外，均能在 0.05 显著性水平上拒绝原假设，表明其他四个年份呈现出显著的空间模式：2005 年主机生产企业为离散分布，其他三个年份为集聚分布并且集聚的程度越来越高。从主机生产企业具体的空间分布位置来看，随着时间的变迁，主机生产企业区位的地域分布空间范围不断扩展，且不同年份地域分布存在较小的差异；地域分异格局较稳定，主要集聚分布在长沙市的长沙县和岳麓区，而在长沙市其他个别区县和湘潭市、株洲市部分地区形成了低密度分布区。

4.2.3 主机生产企业的生成类型

从企业成立时间来看，大部分企业成立于 2000 年之后，其中 2006 年之后成立的企业占一半以上。这些企业的生成大致可以分为以下四种类型：

(1)原国有企业演变而来。此类企业在产业集群发展初期占有重要地位，后来因各种原因，部分进入停产或半停产状态，目前数量较少。它们主要是由 20 世纪 50—70 年代湖南省开始发展机械工业时兴建的一批国有企业发展而来，比如江麓、长沙探矿、株洲天桥起重机、长沙起重机等。这些企业原来是湖南省骨干企业，进入 20 世纪 90 年代后一些企业由于市场疲软、内部管理等问题开始走下坡路，有的甚至进入停产和半停产状态。目前，除江麓等国有大企业经营较好外，多数企业或者被迫转产、改制勉强存活下来，或者被其他大企业收购。

(2)本地新创企业。这一类型企业在长株潭工程机械行业中占较大比例。这些企业中的一部分成立于 20 世纪八九十年代，比如三一集团、中立工程等，其余大多数是 2000 年之后成立的，它们的创始人大部分时间在湖南本地学习、生活和工作。2000 年之后，在国内工程机械市场需求大、利润高的背景下，很多本地创业型企业家发现了市场机会，纷纷进入该行业，比如恒润高科、新天和等。此外，由于中联重科和三一重工等核心企业的示范效应，很多企业家通过学习和模仿创建了一批中小型工程机械企业。

(3)衍生企业。衍生企业在长株潭工程机械行业中也占有很大比例。有学者认为，产业集群源于成功企业的衍生过程[18]，衍生机制直接促进企业数量的增长。企业衍生机制也是促进长株潭工程机械企业数量快速增长的原因。常见的衍生方式有两种：一种是母公司衍生型，即从已有企业中建立新企业；另一种是创业衍生型，即在产业中的原有企业工作过的有经验的员工创建新的企业[19]。

母公司衍生型企业主要是三一集团、中联重科、中铁五新等大企业通过新建或收购等方式在本地创建了数量众多的分支机构或子公司(见图 4-3)。比如，三一集团衍生出三一重工，三一重工又衍生出三一路面机械、三一泵送、三一汽车制造、三一重起等核心企业；中联重科衍生出中联消防机械、中联重科履带起重机等企业；中铁五新衍生出五新隧装、五新重工等企业。

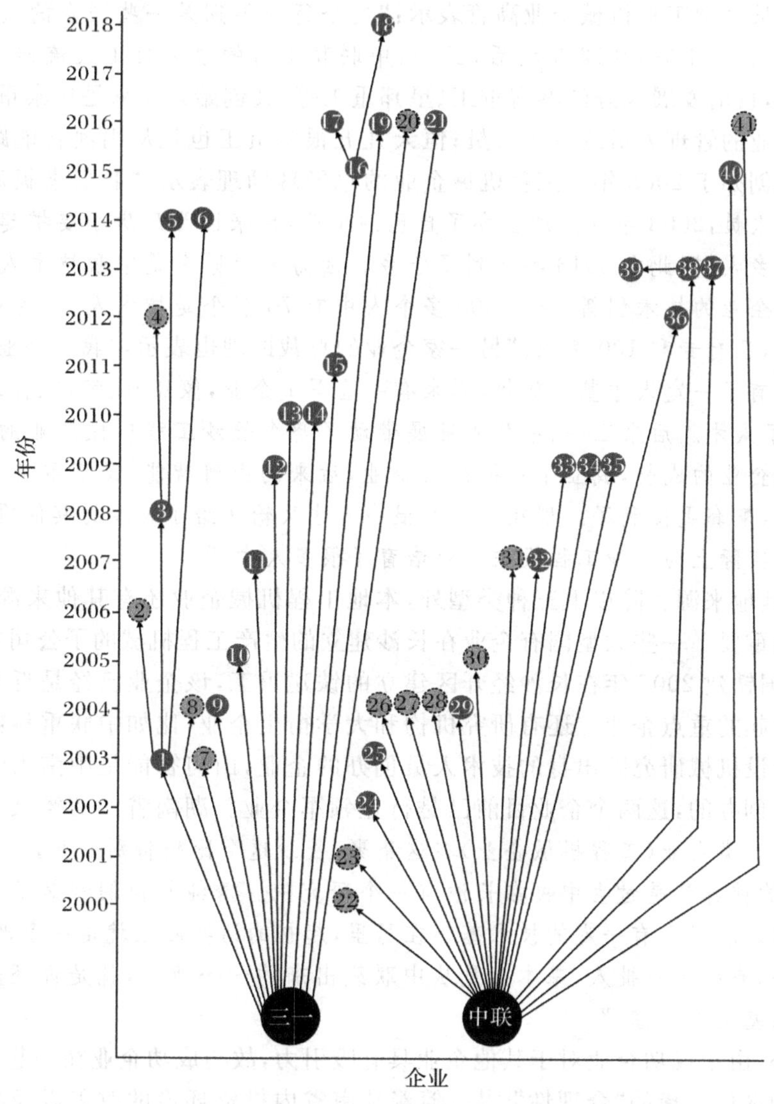

图 4-3　三一重工和中联重科的衍生企业①

① 本资料从企查查网站搜集整理得到，图中序号对应企业参见附录 2。

创业衍生型企业在长株潭地区也很常见，尤其是在三一重工、中联重科等核心企业工作过的人员，他们积累了相关工作经验，在脱离原单位后创办了工程机械企业。长沙某大型工程机械企业高管表示："这个行业早期是一些国企的人出来，进入了比如三一、中联，2012 年之后，三一、中联和山河的很多员工又流向了其他企业。"比如，目前发展较好的泰富重工、星邦重工等，其创始人原来是华泰重工、中联重科等企业的管理人员或技术人员；恒天九五很多员工也是从山河智能跳槽过去的。一家创办于 2008 年的工程机械企业的总经理助理表示："我们老板原来是中联的技术人员，2003 年在星沙创办了自己的企业，后来因为厂房小要扩建，老板自己又是宁乡人，因此在 2013 年迁到了宁乡。因为老板原来是中联技术人员，因此十分重视企业的技术创新，企业 300 多个人中有 70 多个是技术人员，企业产品都自主研发，已有专利 100 多项。"另一家企业的总裁助理也表示："我们企业建立时，行业已经有了一定人才基础优势，原来有一些军工企业，像江麓、湘电、株洲 331 厂啊，储备了人才。后来三一、中联的发展带动了整个长沙工程机械产业的发展，促进了一批企业的成长，成立了一批知名企业，后来的山河智能、泰富重工、五矿、铁建重工等，配套更便利了。现在三一的很多人才又输送给了长沙的其他机械企业，因此三一实际上为长沙工程机械产业培育了很多人才。"

(4)其他来源。除以上三种类型外，本地工程机械企业还有其他来源，数量不多但也很重要。一些大型国有企业在长沙建立的生产工程机械的子公司或分支机构，如中国铁建 2007 年在长沙经开区建立的铁建重工，该企业已经是近几年该行业快速崛起的重点企业。还有研究机构和大学衍生企业，比如中联重科前身就是原长沙建设机械研究院出身的技术人员创办的企业，山河智能是中南大学何清华教授团队创办的，这两个企业目前已是行业领军企业。湖南省经信委某部门负责人表示："这类企业(工程机械企业)在这集聚，长沙这个比较特别一些，像中联重科的话，它的前身就是过去中央在长沙有一个研究院。詹纯新他们都是从这个研究院出来的。所以它有一定的技术基础在那里，起初的话实际上就是一个产业转化。那个三一，有好大一批人，基本上是从中联跳出来的……所以，就是说还是要有一定的技术基础去支撑。"

此外，由于成功企业对于其他企业具有吸引力，故与成功企业在一起会提高其知名度和区位选择的"合理性"[18]。随着湖南省内投资环境的改善以及龙头企业行业知名度的提升形成了区域品牌效应，一些原湖南籍企业家在省外创办企业，通过政府招商引资及企业家个人的家乡情结，将企业迁回省内，比如奥盛特重工、万鑫精工等。正如一家企业的部门经理所言："我们老板 2009 年在东莞创办了企业。老板是邵阳人，想回家乡。宁乡高新区在广东的外派小组了解到这一情况后，积极与老板联系，而且宁乡高新区服务意识很强，提供了绿色通道，办手续很快。2014 年企业就搬迁到这里了。"

4.2.4　主机生产企业的竞争与创新

长株潭工程机械产业集群的主机生产企业尤其是龙头企业间竞争激烈。很多产业集群研究所强调的密集的合作互动所形成的水平结网，并不是长株潭工程机械产业集群的显著特征。正如 Malmberg 和 Maskell 所言，一个"良好的"和"协作的"氛围可能根本不是空间集聚中大多数企业的特征[43]。

笔者调查结果显示(见图 4-4)，受访企业对本企业"与本地同行企业的交流与合作程度"打分的平均分仅有 2.9 分，54.5%的企业认为本企业与本地同行企业的交流与合作程度"一般"，18.2%的企业认为本企业与本地同行企业的交流与合作程度"小"，选择其他交流合作程度的企业所占比例都很小，说明同行企业之间主要表现为竞争关系。以行业龙头企业中联重科和三一重工为例，两家企业因主导产品相似、技术水平和市场占有率都不相上下，同城竞争尤为激烈。

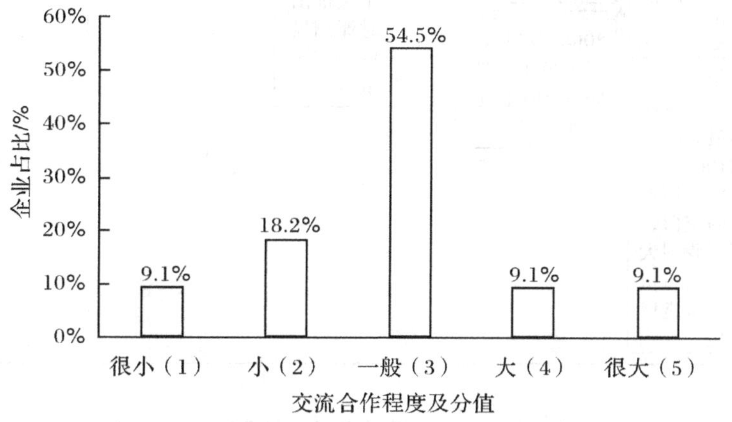

图 4-4　长株潭工程机械同行企业间交流合作程度

激烈竞争加速了创新水平提升。水平维度上相互竞争的企业不一定要进行交互，也几乎没有理由相互合作或进行密切互动[43-44]。集群的水平维度，向每个企业提供了关于改进的可能性和这样做的动机的信息。通过观察、讨论、比较不同的解决方案，集群中水平相关的企业才会参与到学习和持续改进的过程中[43]。区域内强大的竞争压力也会迫使企业致力于基于专业化的技术创新[9]。因此，激烈的竞争不但没有使长株潭工程机械产业发展陷入困境，反而使企业越竞争越强，创新能力不断提升。中联重科和三一重工两家企业在产品和技术创新方面相互比拼、你追我赶，一系列行业领先的创新成果不断推出，加速了整个行业的快速发展。以巨型起重机的研发为例，从 2004 年开始，国际起重机巨头纷纷推出了巨型履带起重机，国内重大工程建设对大吨位履带起重机的市场需求也很旺盛，三一重工和中联重科等企业开始加大了对履带起重机的研发投入，并由此引发企业间创新竞赛，使得我国履带起重机市场的发展速度堪称“一日千里”(见图 4－5)。同时,这也使三一、中联等湖南工程机械品牌备受瞩目。这段时期也是湖南工程机械发展最快的时期[144-145],这一点从访谈结果中也可以看出。

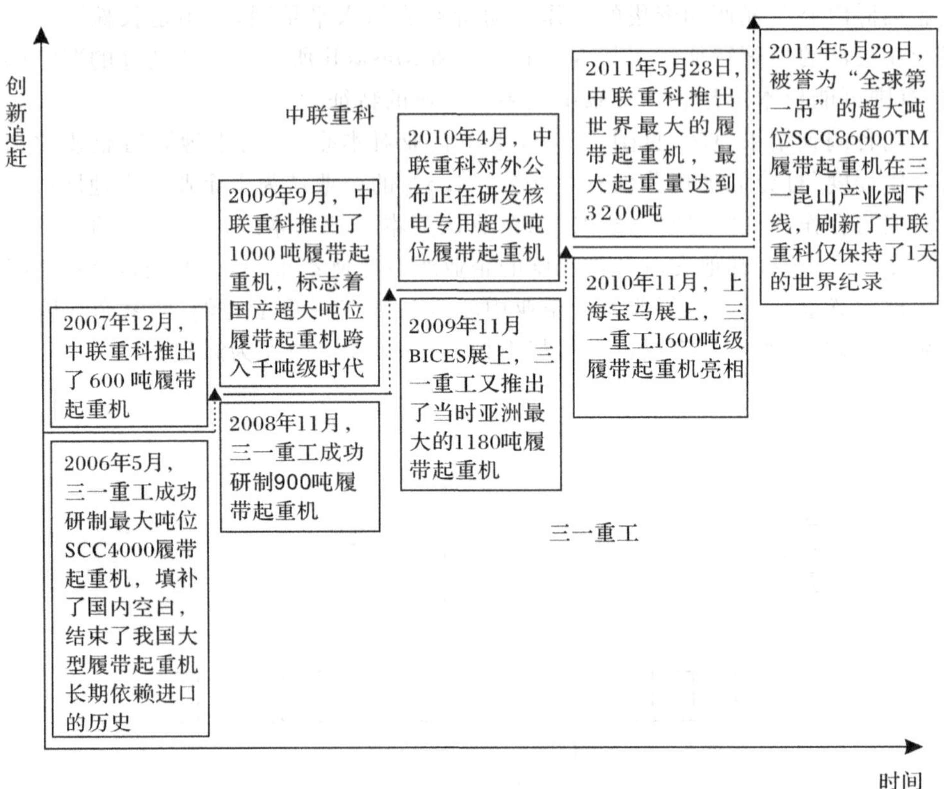

图 4－5 三一重工和中联重科在履带起重机领域的创新追赶
(图中资料根据张广权等[144]文中资料整理得到)

“这个行业竞争激烈,因为要保持优势,所以同行竞争大于合作。装备行业都是如此。但是,竞争带来了集群更好的创新。”

——长沙某工程机械企业副总裁

“本行业竞争大、合作少。比如中联和三一,一直是竞争关系,2012—2013 年是两家竞争最激烈的时期。”

——长沙某工程机械企业总裁助理

“企业之间竞争多,但竞争不是问题,相反在长沙地区形成的集群产生了巨大的品牌效益,并且其效果大于内部的竞争。”

——长沙某工程机械企业总裁办主任

“三一和中联两家闹得越厉害的话，媒体一宣传就相当于做了广告，提高了知名度，才能引起注意。……合作少，竞争强，这是发展阶段的一个使然。……我觉得只要是一定规则下的竞争，不管多激烈，都不要去管它，越激烈可能越好。……这种氛围才能吸引更多的企业加入，这样的话，就形成一个洼地了。”

——湖南省经信委某部门负责人

当然，激烈的竞争也导致了行业竞争有余，合作不足，甚至频频出现的恶意竞争。一些企业为争取拿到订货订单，宁愿增加应收账款也不愿减少销量，合同质量及回款保证能力失控，产品设备销售后货款回笼困难，合同纠纷增多，为企业良性发展留下了隐患。可见，过度竞争既造成了资源浪费，也在一定程度削弱了产业集群整体竞争能力[143,145]。

4.3　垂直维度：配套产业

垂直集群维度由那些互补且通过供应商、服务和客户关系网络相互关联的公司组成[46]。主机企业的集聚，尤其是核心企业的快速成长，促进了长株潭工程机械相关配套产业和服务的集聚。总的来看，长株潭工程机械产业集群的垂直维度还很不发达，产业链不完善，产业配套能力不足，生产性服务业发展滞后。

4.3.1　本地供应商空间分布模式

基于 ArcGIS 10.2 软件中的平均最近邻指数工具进行计算，长株潭工程机械核心企业的本地供应商①的平均最近邻指数 ANN 为 0.442，显著性 P 值为 0.000，因此可以推断核心企业的本地供应商在空间上呈现出显著的集聚分布模式。这种集聚分布模式一方面减少了运输成本，实现了集聚经济；另一方面也有利于核心企业与其供应商间的社会互动，促进“地方嗡鸣”的产生[42]。观察这些本地供应商具体的空间分布发现，这些企业绝大部分集聚分布在长沙市范围内，如长沙县、天心区、开福区等地，构成了一个密度较高的集聚区；湘潭和株洲极少有分布，核密度值相对很低。

4.3.2　本地零部件配套

1. 核心企业吸引配套企业集聚

长株潭工程机械产业配套能力不足，但主机生产企业的集聚，尤其是三一重

① 供应商信息来自笔者对中联重科、三一重工、山河智能三个企业实地调研获得的供应商资料，再根据供应商的名称在百度坐标拾取系统中获得各个供应商的空间坐标。

工、中联重科、山河智能等龙头企业日渐成长为湖南工程机械甚至全国该行业的领导型企业，不仅提升了自身知名度，而且形成的区域品牌效应吸引了一部分配套企业在其周边集聚。中联重科、三一重工等企业以研发和销售为重心，生产过程以装配和关键零部件生产与加工为主，其他零部件都从配套企业采购。这种生产经营模式产生了以大企业为核心、中小企业在外围的分工协作体系[157]。

问卷调查结果显示，25%的企业全部从长株潭地区采购零部件，38%的企业多数零部件从长株潭地区采购，25%的企业有一半零部件从长株潭地区采购，其余12%的企业多数零部件从长株潭以外的地区采购。比如，山河智能的液压静力压桩机的配套企业达 30 家以上，外购外协占该产品产值的 63%[157]。在长沙，就有长沙江南起重设备厂、湖南大唐工程机械、湖南和昌机械制造有限公司、长沙星沙机床厂、湖南德沃重工科技有限公司、长沙天一机械有限责任公司等主要工程机械零配件企业为山河智能的供货商。再如，三一集团主导产品的主要零部件配套企业多达 500 多家，中联重科主导产品的零部件配套企业也达数百家[157]。

2. 核心企业衍生配套企业

以中联重科、三一集团或三一重工、山河智能等核心企业为母体，在本地衍生出的工程机械配套企业也很多。主机生产龙头企业为了解决自己的企业配套问题，在周边建设自己的配套园区或配套体系。比如，中联重科在常德建设了液压、结构件等零配件生产基地，有常德中联重科液压有限公司（德山工业园）、湖南特力液压有限公司（灌溪工业园）、湖南中联重科车桥有限公司（津市工业园）、湖南中联重科结构件有限责任公司（灌溪工业园）等配套子公司以及临澧配套园。三一重工有娄底市中孚液压件有限公司、娄底市中源新材料有限公司等零部件配套子公司。山河智能在长沙也设立了长沙山河液压附件有限公司、长沙威沃机械制造有限公司等子公司。2007 年 9 月，湖南省政府出台的《湖南省人民政府关于鼓励和支持工程机械产业发展的意见》中，也鼓励核心企业通过裂变方式形成专业配套企业。长沙某大型工程机械企业高管对企业自己配套的情况进行了介绍："我们现在推动产品的国产化。很多零部件自己建厂做，或者并购其他零部件生成企业，比如我们并购了××汽车车桥厂，车桥自己生产；液压油缸中等以下的都是自己生产，大的油缸从国外进口；底盘主要用陕汽、东风等；发动机原来主要进口，现在主要用潍柴、广西玉柴，但是大吨位发动机主要还是进口。"

3. 零部件配套能力总体不足

在产业配套上，长株潭工程机械产业集群与徐州工程机械产业集群相比仍有较大差距，徐州工程机械产业集群的供应商和服务商近 1000 家，形成了比较完整的产业链。徐州工程机械所需零部件，比如驱动桥、专用底盘、回转支承、驾驶室、柴油机、液压件、齿轮箱、齿轮泵、工程轮胎等，本地供货基本能够满足[158]，而长株潭工程机械产业集群的部分省外供货商就属于徐州工程机械产业的配套体系。

对长株潭工程机械产业的生产设备、原材料、零部件供应等配套产业的问卷调查结果显示(见表 4-2),50%以上的企业都认为"容易在本地找到原材料供应企业"的描述符合"一般""不太符合""完全不符合"的实际情况;60%以上的企业都认为"容易在本地找到生产设备供应企业""容易在本地找到零部件供应企业"的描述符合"一般""不太符合""完全不符合"的实际情况,说明长株潭地区工程机械产业在生产设备、原材料、零部件等配套能力方面较弱。本地零部件配套企业不仅数量少,而且规模普遍不大,技术、人才、资金不足,产业层次和技术含量低,高新技术和名牌产品少,布局分散,供货时间长,供货不稳定,难以准时生产与迅速回应市场[159]。产品因性价比不高而难具市场竞争力,即使是同一规格质量的零配件,从省外采购加上运费的成本甚至可能低于本地,这导致很多主机企业从江浙、山东等地采购零配件。

表 4-2　长株潭工程机械产业本地配套情况

因素	完全不符合	不太符合	一般	符合	完全符合
容易在本地找到原材料供应企业	8.3%	16.7%	33.3%	16.7%	25.0%
容易在本地找到生产设备供应企业	16.7%	16.7%	33.3%	25.0%	8.3%
容易在本地找到零部件供应企业	9.0%	27.3%	27.3%	18.2%	18.2%

"本地钢材很多不适合用在工程机械上,另外价格上相比其他地方不占优势,比如河北的钢材相比湖南便宜10%。很多外地钢材企业在湖南有代理商,设立了仓库,直接给中联、三一供货。所以这可能也是本地配套发展不起来的原因。"

——长沙某大型工程机械企业前员工

"江浙地区同类企业的运营成本低,因为人家的技术先进,比如他们用激光切割,而长沙地区以手工为主,手工就要贵一些。"

——长沙某工程机械企业总裁办主任

大多数主机生产企业只在本地采购技术含量低、附加值低的基础零部件[146],70%以上的主机产品关键核心零部件采自省外或国外,像三一、中联等大企业都是实行全球采购,以保障生产进度和产品质量的要求。依据湖南省经信委数据,以中联重科、三一集团、山河智能、星邦重工四家主机生产企业为例,2013 年四家企业采购各类零部件 650.0 亿元,其中本地采购 141.3 亿元,仅占 21.74%[146]。配套件产业的短板影响了产品附加值的进一步提升,发动机、液压件等关键部件已成为产业发展的短板[160]。

“本地主要是基础零部件供应商，技术含量比较高的、核心的零部件，比如液压件、发动机、减速机，从世界范围内采购。”

——长沙某工程机械企业总裁助理

“长沙的配套产业比较差，我们大部分零部件是省外采购，主要从江浙、山东采购，比如四轮一带我们就是从山东采购。普通的、简单的零部件从省内采购。因为我们企业定位是生产中高端产品，因此零配件尽量用最好的。”

——长沙某工程机械企业总裁办主任

主机生产企业的关键配件主要依赖进口，比如动力系统、液压系统等大多从美国、德国、瑞典、日本进口，而进口配件不仅价格高，而且订购周期长，甚至难以保证即时供货，配套能力不足导致主机企业存在交货周期长、成本高、需求波动难以应对、服务不及时等问题，导致本地大企业的主营业务收入和利润很大程度上受国外配件公司的供给能力影响。访谈中有多位受访者提到这类问题，其中一位受访者关于企业发展问题时谈道：“目前企业发展遇到的主要问题，其中一个就是核心零部件受制于海外。今年挖机缺货，主要是海外零部件供应不上，国外的零部件企业受本国政策影响，会考虑先供应本国内企业。”另一位受访者也表示：“我们的核心零部件都是进口的，比如发动机、液压元件啊……发动机原来也用过××的，××是国内小型发动机做得最好的，但是质量还是不够好，不能达到要求，并且后续服务跟不上，后来就用进口了……但是，国外是按计划生产，当企业订单增加后，不能及时对核心零部件进行补充，且国外零部件供应周期长，需要半年左右。”一位企业高管无奈表示：“大吨位的零配件主要进口……但是海外进口价格高，这也是中联、三一等企业收购国外企业的原因。”

4.3.3　本地生产性服务业配套

1. 生产性服务业总体发展水平低

随着湖南工程机械产业的发展，一批生产性服务业也逐渐成长起来。中国工程机械工业协会的七个分会秘书处设在长沙。中联重科还是中国标准委员会全国施工机械与设备标准技术委员会主任委员单位、混凝土机械分标准委员会和流动式起重机分标准委员会的秘书长单位。另外，湖南工程机械代理商工作组也为长沙工程机械代理商的健康发展起到了积极的作用。长沙还有国家建筑城建机械质量监督检验中心，为工程机械行业的发展做出了重要贡献。但是，生产性服务业发展滞后一直是长株潭工程机械产业集群的突出问题。长株潭地区的生产性服务业由于起步晚，发展水平低，导致与工程机械相配套的服务体系还不完善[138]。

对长株潭工程机械产业集群的本地租赁和服务、金融与咨询等中介服务、研发合作等配套产业的问卷调查结果显示（见表 4 - 3），55％以上的企业认为“容易在本地找到金融、咨询服务等中介机构”的描述“符合或完全符合”情况；60%以上的企业认为“容易在本地找到租赁、维修企业”的描述“符合或完全符合”情况；50%的企业认为“容易在本地找到研发合作机构或部门”的描述符合“一般”“不太符合”“完全不符合”的实际情况；60%以上的企业都认为“容易在本地找到代理经销商”的描述符合“一般”“不太符合”“完全不符合”的实际情况，说明长株潭地区工程机械产业在研发合作和代理经销等配套服务方面的能力较弱。

表 4-3　长株潭工程机械产业本地生产性服务业配套情况

因素	完全不符合	不太符合	一般	符合	完全符合
容易在本地找到租赁、维修企业	9.1%	18.2%	9.1%	36.3%	27.3%
容易在本地找到代理经销商	18.2%	18.2%	27.3%	36.3%	0
容易在本地找到金融、咨询服务等中介机构	16.7%	0	25.0%	41.6%	16.7%
容易在本地找到研发合作机构或部门	16.7%	8.3%	25.0%	33.3%	16.7%

2. 行业协会和期刊

尽管中国工程机械工业协会有七个分支机构设在长沙，但长沙缺少本地工程机械行业组织，缺乏与政府有效沟通的桥梁，既影响企业诉求的妥善解决，也影响政府政策方针的贯彻落实。2019 年 6 月 12 日，第一家本地工程机械行业组织——长沙市工程机械行业协会成立，由于成立时间还很短，目前该协会的行业价值还未体现出来。

尽管《建筑机械技术与管理》和中国工程机械品牌网是长株潭工程机械已有的行业期刊和行业网站，但期刊和网站的发展和影响力与主机企业的发展实力有较大差距。

3. 代理商

长株潭工程机械行业缺少有影响力的工程机械代理商。虽然本地市场也不小，比如有湖南建工集团、湖南路桥集团、中国水利水电第八工程局有限公司等大型工程机械用户单位，但本地缺少像北京的骏马和恒日、武汉千里马、南京钢加这样有影响力的代理商①。

4. 信息咨询与法律服务

长株潭工程机械的信息服务、技术咨询和法律服务等生产性服务业也与主机

① 资料来源：湖南省机械行业管理办公室，《2010 湖南省工程机械行业年鉴》。

发展水平不相适应。由于本地缺少在国内、国际知名度较高的服务机构或企业，本地大型企业，比如中联重科、三一重工、山河智能等行业龙头企业一般选择位于北京、上海等地的知名中介服务机构提供服务。比如，三一重工聘请的瑞华会计师事务所、中联重科聘请的天职国际会计师事务所、山河智能聘请的中审华会计师事务所都不在本地。正如长沙某大型工程机械企业高管所言："中介服务机构我们一般选择国际顶级机构，像 IBM 这类的，这些企业主要在上海、北京，不会找本地的服务机构。不过，因为长沙的工程机械行业发展比较好、影响力大，长沙的银行对工程机械企业的支持多，银行比较愿意与我们合作，尤其是像我们这种大企业。"

5. **物流配送与会展服务**

长株潭工程机械的物流配送和会展服务业也与主机发展不相适应。长株潭工程机械产业集群产业链下游长期以来缺少规模化的展销中心，成套设备的采购项目招投标、安装调试、营销租赁、售后维保等环节对应的企业较少，工程机械物流中心尚未建立①。从 2013 年开始，位于长沙经开区的全国最大工程机械交易中心——中国（长沙）工程机械交易展示中心[China（Changsha）CME Trade Exhibition Center，CTEC]开始建设，其零部件交易中心于 2016 年 3 月 29 日已正式入市，该中心是湖南机械产业配套件企业对外展示、交易的重要窗口。CTEC 零部件交易中心同时肩负了带动零部件企业成长壮大、提升长沙主机企业零部件本地配套率的任务，但因为建成时间短，要真正实现这一目标，还有较长一段路要走。

近年来，本地工程机械行业开始从制造业向生产性服务业延伸。比如，中联重科大力发展金融服务业。中联、三一等利用移动物联网智能云服务平台对产品实时监测，并通过移动智能终端为客户提供信息化增值服务，还有一批工程机械企业将触角延伸至电子商务领域。但是，与本地工程机械产业配套的生产性服务业整体水平仍比较低，市场空间较大。

4.3.4 企业间合作与互动学习

长株潭工程机械产业集群内企业间的合作关系主要表现为核心企业与中小型配套企业之间的密切合作。

对垂直维度的"本企业与本地上下游企业的交流与合作程度"的问卷调查结果显示（见图 4－6），相对水平维度的企业间交流合作，垂直维度的本地上下游企业间的交流和合作程度相对高一些，平均分为 3.7 分，其中 72.7％的企业认为"本企业与本地上下游企业的交流与合作程度"大，27.3％的企业认为"本企业与本地上

① 资料来源：湖南省制造强省建设领导小组办公室，湖南工业新兴优势产业链推进方案，2017－6－30。

下游企业的交流与合作程度"一般。而由于主机企业间的激烈竞争关系，这种主机企业和配套企业间的合作方式主要以双向相互合作方式为主，交叉合作情况较少。在主机企业与配套企业的直接生产联系过程中，中联、三一等核心企业为提升配套企业的配套水平，与其配套企业在质量管理、生产指导、技术攻关等方面都有合作，合作过程中，中联、三一等企业的创新技术和知识得到了扩散，配套企业的生产和技术水平等都有了提高。

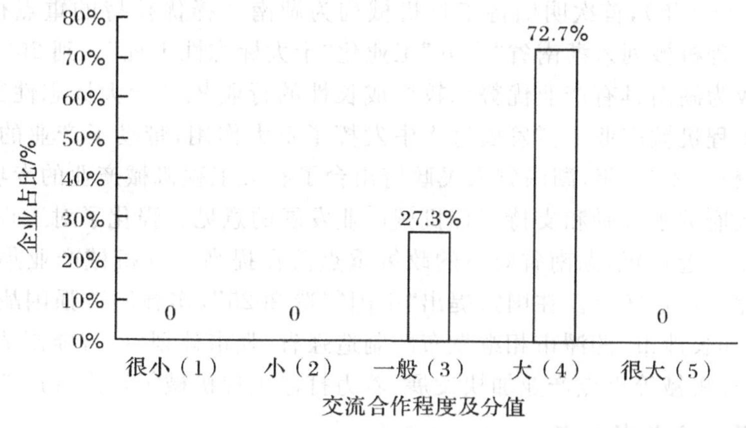

图 4－6　长株潭工程机械上下游企业交流合作程度

访谈结果也发现，长株潭工程机械主机企业竞争激烈，很多主机企业的配套企业是同一个企业集团内部企业，或者与主机企业签订合同只给合作企业配套，不给合作伙伴的其他竞争对手配套。如一位工程机械企业副总裁所述："本地的配套企业，一般是我们企业出标准，拥有专利，让本地企业代工生产，而且签订合同只能给我们供应，不能给其他企业配套。比如某大型企业 A 或某大型企业 B 自己生产的零配件或产品绝对不会卖给对方或向对方采购，因为是竞争关系，但是可能会向相同的第三方采购，比如潍柴。"所以，尽管长株潭大部分工程机械企业位于产业园区内，有园区或政府提供的各类交流平台，也有相关政策激励，比如激励主机企业扩大省内配套的奖励政策，促使企业签署行业公约以促进企业间公平竞争等，但都收效甚微。

4.4　制度维度：政策支持

正式和非正式制度条件为区域内相互交流、集体学习、联合攻关提供了可靠的保障[9]。在较为封闭、互动交流较少的集群中，正式制度刺激产业集群起步，并支持产业集群发展[44]。政策导向一般从两个方面影响产业发展，一是通过制定促进政策营造产业集群发展的有利环境，如制定产业扶持政策；二是科学引导产业布局，以实现对资源的充分利用，并促进产出最大化[161]。

4.4.1 直接政策支持

政府的政策措施能够引导、推动、调整长株潭工程机械产业集群的发展。在长株潭工程机械产业集群发展过程中,各级政府出台了一系列配套政策和保障措施,为工程机械产业集群发展营造了良好的政策环境。

湖南省对工程机械产业发展的支持,始于1996年4月发布的湖南省“九五”计划(1996—2000年),首次明确将工程机械列为湖南省择优扶持的重点行业之一。之后又将工程机械列入湖南省“十五”工业化“十大标志性工程”。到2005年,工程机械已经成为湖南具有产业优势和较好成长性的行业①。“十大标志性工程”在推动湖南省工程机械产业集群发展过程中发挥了重大作用,带动了产业的迅速发展和产业集聚②。2007年,湖南省人民政府出台了有关工程机械产业的专项政策《湖南省人民政府关于鼓励和支持工程机械产业发展的意见》,强化了对工程机械产业的政策支持。近几年,湖南省政府的政策重点落在提高工程机械产业集群的智能化水平和完善产业链上。在国家提出“中国制造2025”,实施制造强国战略的背景下,湖南省和长沙市、湘潭市相继发布的制造强省、强市计划,以智能制造为主攻方向,推进工程机械等重点产业加快发展,着力打造工程机械等标志性产业集群。

1.政策内容词频分析

内容分析法是对显性的文本内容进行定量分析和描述的一种方法[162],能够找出反映文本内容一定本质而又易于计数的特征,目前已广泛应用于政策分析中[163]。本研究以长株潭工程机械产业发展的相关政策为研究对象,以20多年来湖南省和长株潭三地市及相关开发区出台的相关政策文件为数据,进行政策的内容分析。首先选择政策的主体内容或部分内容与工程机械产业(集群)发展密切相关的文件,并且政策性质为立法性文件或具有政策约束力的“意见”“办法”“通知”“规划”“计划”“纲要”等规范性文件,最终梳理出了有效政策样本28份(见附录1)。

梳理出的相关政策文件内容中包括很多与工程机械产业不相关或关系不大的内容,为提高分析结果的精确性,需要对这些政策文件的文本内容进行筛选。首先以“工程机械”为关键词在政策文本中进行检索,获得最相关的文本内容。然后扩大搜索范围,以“机械”“集群”和“三一重工”“中联重科”“山河智能”核心企业为关键词,再对每个政策文本内容进行二次检索与人工识别,以获得比较相关的文本内容。通过两次筛选获得的政策文本内容中又含有“指导思想”“组织领导”等具有产业普适性而缺乏针对性的内容,对这些内容进行剔除,最终只保留更相关的“发展

① 资料来源:湖南省地方志编纂委员会.湖南年鉴2006[M].长沙:湖南年鉴社,2006:167-168.

② 资料来源:《湖南省培育发展产业集群“十一五”规划》。

目标""发展战略""发展重点""工作重点"等内容。将这些文本进行汇总，共计19378 个字，作为内容分析法的原始资料。

基于上述文本资料，利用 ROST WordParser 软件进行词频分析。首先利用软件对所有文本资料进行自动分词，再根据语义调整修改不合理的分词结果（比如自动分词将文本中的"工程机械"拆分为"工程"和"机械"两个词），同时对一些词语表述进行统一，如"竞争能力"统一改为"竞争力"，"集群"统一改为"产业集群"。经过上述处理，最后利用词频分析工具获得词频分析结果，并剔除其中的"湖南省""企业"等分析价值不大的词语（见表 4-4）。考虑到 2012 年是工程机械产业发展的一个转折点，为比较不同发展阶段的政策侧重点，又分别对 1996—2011 年和2012—2017 年两个时间段进行政策的高频词统计（见图 4-7、见图 4-8）。

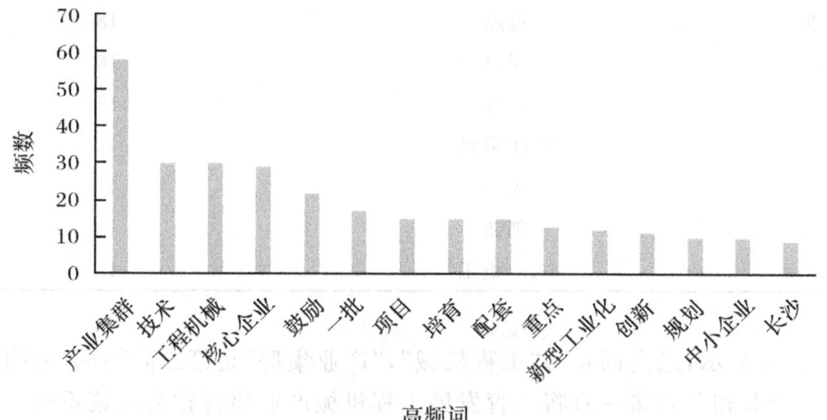

图 4-7　1996—2011 年长株潭工程机械产业相关政策主要高频词

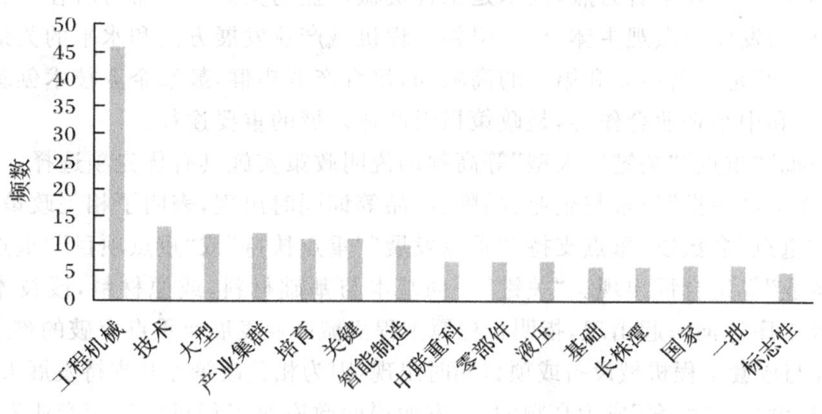

图 4-8　2012—2017 年长株潭工程机械产业相关政策主要高频词

表 4－4　长株潭工程机械产业相关政策高频词

序号	高频词	频数
1	工程机械	76
2	产业集群	71
3	技术	43
4	核心企业	30
5	培育	26
6	鼓励	24
7	一批	23
8	配套	20
9	重点	18
10	项目	16
11	关键	15
12	中联重科	14
13	大型	14
14	创新	13
15	三一重工	13

表 4－4 显示，最高词频为“工程机械”，“产业集群”是第二高频词，表明长株潭工程机械产业相关政策一直将培育发展工程机械产业集群作为政策重点。“技术”和“核心企业”是排名第 3 和第 4 的高频词，说明“技术”和“核心企业”是发展工程机械产业的主要政策着力点，技术是工程机械产业的关键和生命力所在，核心企业是工程机械发展的微观主体，也是引领工程机械产业发展方向和水平的关键。“培育”和“鼓励”是排名第 5 和第 6 的高频词，培育产业集群，鼓励企业技术创新，鼓励核心企业和中小企业合作等，是政策指引产业发展的重要途径。

“一批”“重点”“关键”“大型”等高频词说明政策实施具有优先项选择。经查政策原始文本，“一批”经常与企业、品牌、产品等词同时出现，表明了相关政策实施的目标。“重点”多数以“重点支持”“重点发展”“重点扶持”或“重点项目”“重点园区”“重点企业”等组合词出现。“关键”一词基本与基础材料，或原材料，或技术，或零部件，或工序等词一起出现，指明长株潭工程机械产业发展要重点突破的难题。“大型”往往与成套工程机械设备或项目同时出现，因为相关政策尤其支持发展大型成套工程机械设备。“配套”成为高频词，一方面说明政府对工程机械配套产业发展的重视，一直是政府政策要解决的重点，另一方面也说明长株潭工程机械配套产业发展薄弱。另外，核心企业中的中联重科和三一重工等企业得到了更多的政策支持。

对比 1996—2011 年和 2012—2017 年两个时间段的高频词(见图 4-7、图 4-8),发现两个时间段的高频词有所变化,总的来看,政策更具体化,发展目标更高,尤其重视工程机械产业关键产品和技术的突破。比如,1996—2011 年“配套”为高频词,说明政府重视工程机械配套产业发展,2012—2017 年“基础”“液压”“零部件”等成为高频词,说明对配套产业的支持具体到其中的基础零部件和液压件等关键零部件。在工程机械产业重点发展区域上,1996—2011 年为“长沙”,2012—2017 为“长株潭”。在近几年国家实施“中国制造 2025”等国家战略背景下,以及市场对高端化、智能化工程机械产品的需求刺激影响下,湖南省各级政府也大力支持工程机械领域推广智能制造,支持企业生产智能化产品,因此,“智能制造”成为近几年政策的高频词。同时,对产业集群发展的层次提出更高要求,比如新增“国家”级的各类科技创新平台,培育拥有核心技术、竞争力强的“标志性”的品牌产品,建设长沙经开区等“标志性”产业基地。

2. **制度环境评价**

湖南省各级政府在支持工程机械产业集群发展方面给予了一系列有利的政策支持,为长株潭工程机械产业集群发展创造了良好的制度环境。但是,目前仍存在发展制度不完善的问题。比如,前文对政策内容词频分析发现,“核心企业”“中联重科”“三一重工”等成为排在前列的高频词,说明政策支持更倾向核心企业,对中小企业的支持力度较小。

笔者整理了问卷调查中受访企业对本地制度环境的评价(分值为 1～5 分,分值越高,说明评价越高)(见图 4-9)。总的来看,企业对本地制度环境各项指标的

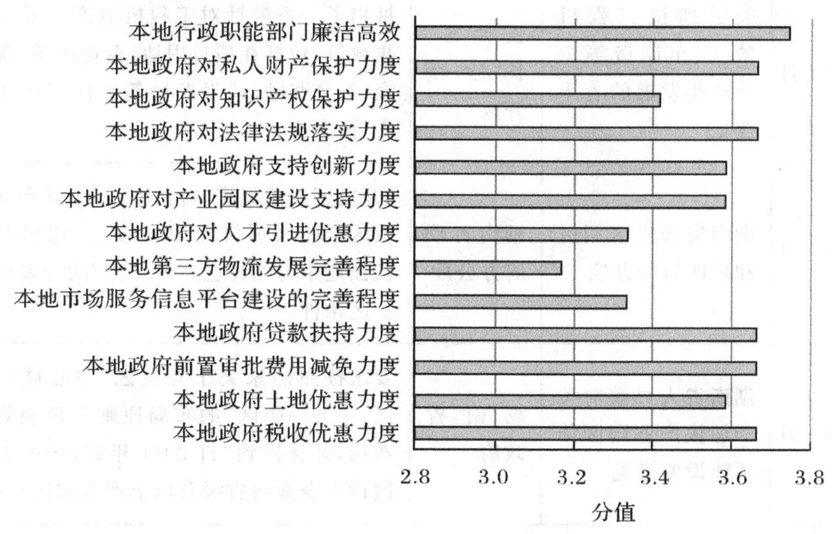

图 4-9　受访企业对本地制度环境评价

评分均在3分以上，说明企业对本地制度环境基本满意，但评分总体不高，每项评分都不高于4分。

对比各项指标评分发现，受访企业对本地政府部门廉洁高效程度、政府对私人财产的保护、政府对法律法规落实力度、政府贷款扶持力度、政府前置审批费用减免力度、政府税收优惠力度等项评价较好，对政府支持创新力度、支持产业园区建设力度、土地优惠力度等评价次之。受访企业对本地政府对知识产权保护力度、对人才引进优惠力度、对本地第三方物流发展完善程度及市场服务信息平台建设的完善程度评价较差。这说明本地政府需要完善与工程机械产业发展相关的知识产权保护、人才引进、物流配送和公共服务平台建设等方面的内容。

4.4.2 产业规划布局

湖南省各级政府始终把产业园区作为促进产业集群发展的重要平台，先后出台了相关政策文件与指导措施促进产业向园区集聚发展(见表4-5)。

表4-5 湖南省各级政府促进产业向园区集聚发展的相关政策

发布时间	政策文件	发布部门	要点
2009年2月	中共湖南省委 湖南省人民政府关于进一步促进产业园区发展的意见	湖南省委、省政府	积极引导产业向园区聚集，促进优势产业集群化发展
2010年7月	关于加快工程机械、汽车制造等主导产业发展的若干意见	长沙县、长沙经开区	推出了一系列针对工程机械产业发展的优惠政策，包括在项目用地、企业缴税、配套资金、配套奖励、研发奖励等方面提供优惠和支持
2011年3月	湖南省开发区调区和扩区暂行办法	湖南省政府办公厅	“开发区产业集聚，特色鲜明，主导产业占开发区工业增加值的50%以上，初步形成有较强竞争力的特色产业集群”的开发区符合扩区条件
2011年8月	湖南省人民政府关于加快产业园区体系建设的意见	湖南省政府	要求按照国家关于开发区“中心城市两园区、一县一园区”的布局原则合理规划园区布局，并且提到“自2011年起，……引导分散设立企业向省级及以上产业园区集中”

续表

发布时间	政策文件	发布部门	要点
2014 年 11 月 6 日	工业园区转型提质发展三年行动计划	长沙市委市政府	长沙经开区、浏阳工业集中区（现为浏阳高新区）重点培育工程机械产业，长沙高新区重点培育高端装备制造，金洲新区（现为宁乡高新区）重点培育先进装备制造（长沙高新区的高端装备制造业和宁乡高新区的先进装备制造业均包括工程机械）
2016 年 5 月	长沙经济技术开发区“十三五”发展规划	长沙经开区	加快建设“世界工程机械之都”，努力形成技术领先、配套完备、链条完整的千亿级产业集群
2016 年	湖南省加快推进产业园区转型升级的实施方案（2016—2018 年）	湖南省政府办公厅	引导重大产业项目向产业园区集中、优质资源向优势产业聚集，推动产业项目进入产业园区集中建设
2017 年 9 月	关于加快推进工业新兴优势产业链发展的意见	湖南省委办公厅、湖南省政府办公厅	长沙经开区·工程机械产业基地是全省工程机械产业链的重点基地（园区）
2018 年	湖南省人民政府办公厅关于加快推进产业园区改革和创新发展的实施意见	湖南省政府办公厅	提出“壮大特色主导产业。……到 2020 年，培育形成 20 个千亿产业集群，主导产业集聚度超过 80%……”

由于相关政策的支持，产业园区在企业用地、投融资、税收、财政补助等方面为入园企业提供了政策支持，园区良好的基础设施、便利的交通及产业配套也为入园企业提供了便利，吸引了相关企业向园区集中（见表 4－6）。

表 4－6 受访企业对企业落户产业园区利弊的评价

落户园区的主要好处	落户园区的主要弊端
(1)园区产业集聚,上下游配套完善	(1)园区内制造型企业多,一线生产工人流动大
(2)园区临近机场、高铁站、京港澳高速,交通便利,物流便利	(2)和政府签约时间长,企业中途退出或二次搬迁比较麻烦
(3)园区基础设施条件好,生活、工作等环境良好	
(4)园区有较好的科技资源、投融资环境,以及完善的创业投资服务体系	
(5)园区政府服务意识强,对企业帮扶支持力度大,包括资金、信贷、招商及政府补助政策	

"1999—2002 年是我们企业的初创期,1999 年,在河西观沙岭租了长沙车轮厂 43 亩地成立。到了 2001 年,由于企业发展迅速,产值已经过亿,企业用地不够了,因此企业搬迁至星沙,并陆陆续续在星沙购买了四块地建设工业城。"

——长沙某工程机械企业总裁办主任

"当时公司在宁乡、浏阳都做了调研。各地政府都在土地、投资等方面有优惠政策,宁乡高新区的最优惠。"

——长沙某工程机械企业市场总监

"宁乡高新区服务意识很强,提供了绿色通道,办手续很快。买生产设备有 10%～12%的补贴,本地采购也有补贴。"

——长沙某工程机械企业部门经理

"我们企业从星沙搬到宁乡高新区来的原因,一是因为老板是宁乡人,二是原来的企业是小厂房,需要扩建,宁乡的相关支持力度大,比如国家相关补助资金,高新区的税务、招商政策。"

——长沙某工程机械企业总经理助理

产业园区建设对长株潭工程机械产业集群的形成与发展至关重要。长株潭城市群是湖南省产业园区建设时间最早、产业园区最为密集、发展水平最高的地区。从 1988 年长沙高新区创建以来,截至 2018 年,长株潭城市群共有产业园区 29 家,其中国家级产业园区 10 家,省级产业园区 15 家,省级工业集中区 4 家。对长株潭工程机械产业集群的空间演变分析发现,该产业集群与各类开发区具有明显的空间耦合关系,说明开发区是长株潭工程机械产业集群发展的重要载体。以长沙市工程机械产业分布为例,长沙工程机械产业向园区的集聚程度很高,工程机械产业园区占比 97.6%，且从园区分布看，工程机械产业主要分布在长沙高新区和长沙经开区，2 大园区合计占比为 79.6%[164]。此外，宁乡高新区、浏阳高新区等园区是重要配套园区。其中，长沙市经开区作为长株潭地区工程机械产业的主要聚集区，给予了工程机械产业强有力的政策支持，比如对工程机械企业在新产品的开发、生产和销售过程中的所得税、亏损弥补、产品出口以及区内再投资扩建等方面，实行税收减免和优惠[165]。同时，扶持三一集团、中联重科、山河智能等核心企业提升核心产品与技术竞争力，提高产业带动能力，发展配套企业[166]。

总的来看，长株潭工程机械产业布局还需要进一步科学规划。目前，长株潭工程机械产业链的上游、中游和下游在长沙和湘潭都有分布，产业链的上游和中游在株洲也有分布。但是，湖南省出台的相关规划对工程机械产业链空间布局缺乏引导性规划。2016—2017 年，湖南省先后颁布了《湖南工业新兴优势产业链行动计划》《湖南工业新兴优势产业链行动计划》《关于加快推进工业新兴优势产业链发展的意见》，对工程机械行业链的发展目标和重点做了引导性规划，但尚未对产业链建设的空间布局和区域分工进行较为具体的规划，虽然《关于加快推进工业新兴优势产业链发展的意见》提出，长沙经开区 · 工程机械产业基地是全省工程机械产业链的重点基地(园区)，但是从整个区域产业链发展来看，各地或各园区具体以哪些产业链环节为发展重点，如何实现整合和互补，这些在规划计划中均没有明确。长沙市和湘潭市也制定了相应产业链发展行动计划，但都是以发展全产业链为目标。《关于加快推进长沙市工业新兴及优势产业链发展的意见》提出，长沙将聚焦工程机械等工业新兴及优势产业链，进一步建链、强链、补链，做大做强一批优势特色产业。《湘潭市制造强市五年行动计划(2017—2021 年)》提出，重点发展先进工程矿山装备，鼓励企业间全产业链发展。长沙经开区“十三五”规划提出，要加快建设“世界工程机械之都”，努力形成技术领先、配套完备、链条完整的千亿级产业集群。如果各地或各园区在未来发展中进行工程机械全产业链的布局，则该产业链将被“切割”成多个自成体系的小产业链，既不能充分利用、整合现有产业资源，还会造成各地或园区之间在产业招商与发展的同质化竞争，难以维持产业集群的持久竞争力[167]。

4.5　外部维度：外部市场、技术和跨地域联系

产业集群并不是孤立的，它常常依赖于外部市场和外部技术[49]。工程机械产品具有非在地性消费特征和弱家庭用户消费特征，因此该产品市场不局限于本地市场，而更多地指向全国市场，甚至全球市场。由于工程机械产品及其配套件种类繁杂，且技术复杂程度高，因此超越集群的跨地域交流与合作比例较高。

4.5.1　外部市场导向

长株潭工程机械产业集群的成长壮大，与国内外消费需求增加和市场规模扩大密不可分。通过对本地、国内和国际产品市场需求对长株潭工程机械产业集群发展影响的问卷调查结果显示，受访企业对本地市场、国内市场和国际市场产品需求量的影响程度评分（1～5 分之间）分别为 2.5、4.3、3.2 分，说明长株潭工程机械企业受国内市场需求影响较大，然后为国际市场，受本地市场产品需求量影响较小。从长株潭工程机械产业集群的形成和发展过程来看，该产业集群的演化过程基本与国内工程机械市场需求的变化一致。

1. 国内市场发展

研究表明，在集群的起源和发生阶段，市场需求变化是最根本的驱动力[168]。20 世纪 90 年代末，长株潭工程机械行业企业数量还不多，到 1998 年，规模以上企业数也仅有 13 家。但是在国内市场需求刺激下，一批有眼光的企业家纷纷投入该行业，一些重点企业也在这一时期成立。回顾当时的国内市场情况，国家“八五”计划开始，中国全社会固定资产投资步入大幅增长期。从 1991 到 1992 年，全国社会固定资产投资几乎翻倍。与工程机械相关的各类建设项目大批启动，带动工程机械市场获得较大发展，至 2000 年，全国工程机械产品销售收入达到 480 亿元。虽然从 1994 年开始，国家宏观调控致使工程机械企业经济效益出现连续 3 年的下滑，但是 1998 年由于基础建设投资的拉动，市场又开始好转，尤其是全国城镇化建设推动了大批城市楼宇建设，工程机械产品供不应求①。在市场需求的强烈刺激下，长株潭工程机械产业在此阶段也逐步发展起来。在此期间，浦沅完成了向长沙的战略转移，中联重科、三一重工、山河智能等企业相继成立，并且在国内市场需求不断扩大的刺激下，这些企业不断扩大产能，消化吸收引进技术。

“20 世纪 90 年代，我们老板想进入大城市做大行业。当时，工程机械是个大行业，并且当时国家大规模的城市建设、基础设施建设为工程机械行业发展提供了很大的机遇，因此老板想抓住这个机会，企业就搬到了省会长沙开始做工程机械，进入了大行业。”

——长沙某工程机械企业总裁助理

到了 21 世纪，随着工程机械市场的蓬勃发展，长株潭工程机械企业数量开始增长，到 2011 年突破 100 家。这 100 多家企业中，有半数以上成立于 2006—2011 年，可见多数新企业成立于国内工程机械市场需求最火爆的时期。2000 年以后，

① 资料来源：中国工程机械工业协会. 中国工程机械行业志（1949—2005）[M]. 北京：方志出版社，2010：621 - 624.

我国工程机械行业进入另一个前所未有的繁荣阶段。在 2008 年之前,国内工程机械市场一直处于需求扩张、销量不断升高的状态。拉动工程机械发展的主要因素,一是投资额逐年增加,二是银行大量发放施工装备按揭贷款。国内工程机械市场 2004—2007 年连续四年保持 11%以上的增长幅度①。2007 年下半年,美国次贷危机引发而逐渐蔓延全球的金融危机,对各国实体经济造成不同程度的影响,也对工程机械行业造成严重冲击。但是,国家自 2008 年推出的“4 万亿”投资计划到 2010 年效果显现,投资项目带动基础设施建设、房地产以及工业项目投资高速增长。作为投资增长需求性产业,这些基础设施建设项目为国内工程机械产业发展提供了旺盛的市场需求,使得之后几年工程机械行业出现“井喷式”增长。这一时期,国内工程机械市场规模达到最大,市场对集群的驱动作用也达到了顶峰。巨大的市场需求也推动长株潭工程机械产业在这一时期进入高速发展期。三一重工、中联重科、山河智能三家上市公司保持高速增长的势头,2010 年,三一重工全年实现营业收入 339.55 亿元,同比增长 78.94%;营业利润 68.97 亿元,同比增长105.57%;净利润 61.64 亿元,同比增长 103.94%。中联重科实现营业收入321.93亿元,同比增长 55.05%;营业利润 54.16 亿元,同比增长 91.56%。

2012 年之后,受房地产等国内基础建设投资增速减缓和国内经济下行压力较大的双重影响,以及国内工程机械市场存量大的影响,工程机械市场需求低迷[169]。受此影响,长株潭工程机械产业集群主机生产企业及相关配套企业利润下滑,很多中小企业倒闭,集群进入调整发展阶段。2016 年之后,在基建投资增速多年保持两位数增长、产品周期性更新、出口增长等多因素影响下,市场需求得到逐步释放。此外,国家环保标准提高导致不合格产品面临强制淘汰,刺激了产品更替需求。可见,众多因素导致 2016 年下半年工程机械行业尤其挖掘机销售持续呈高速增长态势,行业开始回暖[170]。

2. 国际市场开拓

2012 年以后,国内工程机械市场下滑,三一重工、中联重科等核心企业着力推进国际化战略,积极响应国家“一带一路”倡议,推进产品出口,进一步扩大海外市场。一位企业高管对工程机械企业走向国际化的情况进行了说明:“现在企业都在走国际化,走向国际市场。过去质量不达标,产品走不出去。现在很多中资工程机械企业出去创业改变了过去的思路,这会增加企业的市场。‘一带一路’也很重要,沿边国家加强基础设施建设,这给装备制造尤其是工程机械企业带来了最大的利好。”

① 资料来源:中国工程机械工业协会.中国工程机械行业志(1949—2005)[M].北京:方志出版社,2010:672-708;中国工程机械工业协会.中国工程机械行业志(2006—2010)[M].天津:天津科学技术出版社,2014:473-486.

笔者也整理了中联重科和三一重工的年报，发现中联重科已构建起全球化制造、销售、服务网络，在国外建有五个工业园区，产品市场覆盖全球100多个国家和地区，尤其是在"一带一路"沿线设立了分子公司及常驻机构，为公司走出去实现"本土化"运营提供了便利。三一重工也加速其国际化进程，积极寻求国际合作，加大整合力度，实现国际化的新进步与新突破：一方面，全面提升美、德、印、巴产业园经营能力；另一方面，积极寻找新的合作伙伴。2012年，三一重工联合中信产业基金并购世界混凝土机械第一品牌普茨迈斯特；同年，三一重工与奥地利帕尔菲格成立合资公司，全面进军随车吊市场[①]。三一重工也深耕"一带一路"沿线国家和地区，沿海上丝绸之路，重点打造亚太、印度、中亚、北非等地区产业布局[②]。

中联重科和三一重工通过海外布局不仅开拓了国外市场，而且提高了其制造技术及品牌影响力，综合竞争实力和市场地位显著提升，由国内龙头企业一跃成为国际翘楚。

4.5.2 跨地域联系

长株潭工程机械企业在生产联系、技术合作、全球资源整合等方面也具有跨地域的性质。

在生产联系方面，长株潭工程机械产业在本地的配套能力不足，大多数工程机械主机生产企业的原材料、核心零部件采自湖南省外，覆盖了中国多个省份，有的甚至来自国外，这就形成了基于供应链的跨地域生产联系。然而，长株潭工程机械产业集群的外部联系的空间分布是不均衡的。它的主要联系束密集分布在东北和正北两个方向，地域上处在长三角地区和环渤海地区，而在其他方向分布较稀疏。通过整理工程机械某核心企业的省外供应商的地域分布，发现该企业的供应商分布在16个省(市、区)(见表4-7)。从各省(市、区)供应商数量排序来看，以江苏、上海、广东、安徽等4省(市)居多，而福建、河北、湖北等省份只有1家。从省外供应商供应的产品来看，不同省(市、区)供应商供应的产品存在较大的空间差异，但也存在供应同一产品的情况，比如江苏、山东、辽宁三省均供应"四轮一带"产品。因此，长株潭工程机械产业集群的后向关联联系呈现出一定的地域空间分工特征。

---

① 资料来源：三一集团官网，三一重工2012年年度报告和三一重工2013年年度报告。

② 资料来源：三一集团官网，三一重工2014年年度报告。

表 4-7　某核心企业的省外供应商的省域分布、数量、产品

省(市、区)	供应商数量	主要供应产品
江苏	18	驱动桥、四轮一带、减速机、油缸、铸锻件、机加结构件、钣金件、钢材类等
上海	7	遥控器、减速机、马达、油料等
广东	6	油漆、焊材、阀类、搅拌主机、电子元器件等
山东	5	四轮一带、空调、机加结构件
安徽	4	铸锻件、回转支承、机加结构件
北京	2	控制器、低压电器
河南	2	橡塑杂类、钢材类
辽宁	2	四轮一带、电机
山西	2	铸锻件
天津	2	胶管、钢材类
福建	1	钢圈
河北	1	油缸
湖北	1	铸锻件
宁夏	1	电机
青海	1	钢材类
浙江	1	线束

注:资料来源于笔者实地调研获得的该企业内部资料。

除了基于生产的跨地域联系之外,企业还可以通过建立跨地方管道[154],利用外部的知识和技术,这是集群跨地域联系的另一个重要方面。比如,三一重工在自主创新的过程中与全国一些高校、科研院所和企业有合作研发关系,在其技术攻关阶段(1994—2002 年)、技术追赶阶段(2003—2006 年)和赶超先进阶段(2007—2011 年),研发合作伙伴由 8 家增加到 9 家,再到 17 家[171](见表 4-8),研发伙伴从以本地高校为主发展到以省外高校为主,研发伙伴类型在高校和研究院所基础上增加了研发合作企业,从仅有国内研发伙伴到增加了国外研发合作企业。中联重科也与省外的浙江大学、吉林大学、哈尔滨工业大学等高校建立了产学研联盟。

表 4-8 三一重工集群内外研发合作伙伴数量变化

阶段	合作高校		合作科研院所(不包括企业自建研究院)		合作企业		
	省内	省外	省内	省外	省内	省外	国外
技术攻关阶段(1994—2002 年)	4	3	0	1	0	0	0
技术追赶阶段(2003—2006 年)	4	3	0	2	0	0	0
赶超先进阶段(2007—2011 年)	3	8	0	2	0	2	2

注:表中数据资料根据李占强等[171]文中资料整理。

除了研发合作之外,集群中的核心企业会更多地与集群外部的单位建立各种复杂的关系,包括战略联盟等,试图构建一个按照核心企业成长战略来主导的全球化开放网络[172]。2001 年以后,中联重科和三一重工开启全球范围内的资源整合,通过国内外并购或收购、建设国内外研发平台、装配基地、合资工厂以及构建跨国运营体系等方式构建起全球化网络。通过这些战略布局,中联重科和三一重工不仅开拓了国内外市场,而且成为我国工程机械行业整合国内外资源的先行者和领导者。

4.6 权力关系维度:不对称的权力关系

集群内各个行动者之间的权力关系是集群内部重要的关系之一[9]。以波特集群理论为代表的研究学派强调企业间关系的平等与水平结网,并构建了一个产、学、研充分合作的理想的产业集群内部网络结构形态,而这一特征也成为学术界和产业界判断某一产业是否是产业集群以及集群发育是否完善的重要标准之一[156]。而有的学者对重化工业的研究表明,重化工业具有典型的层级型治理特征,具有明显的权力分层现象,层级式的治理结构形成了这类产业集群单核(少核)、生产者驱动的特点,集群主体关系以垂直协作关系为主,难以形成水平结网[156]。

长株潭工程机械产业集群形成了以三一重工、中联重科、山河智能等核心企业为中心的不对称网络结构。据曹虹剑等人研究[138],长株潭工程机械产业集群的网络组织结构如图 4-10 所示,即以规则设计、系统整合模块为中心,以研发设计、主机生产、普通零部件和关键零部件生产、系统总成、整机装配、信息交流及咨询、物流及服务等模块为外围的产业集群网络结构。其中,作为集群产业标准和规则的制定者,同时也是产品系统整合者和品牌拥有者的中联重科、三一重工、山河智能等核心企业处于集群网络中心,这些企业拥有绝对的资本和技术优势,在产业集群中处于支配地位,它们也是整机装配模块、研发设计模块和物流及服务模块等的主要力量。

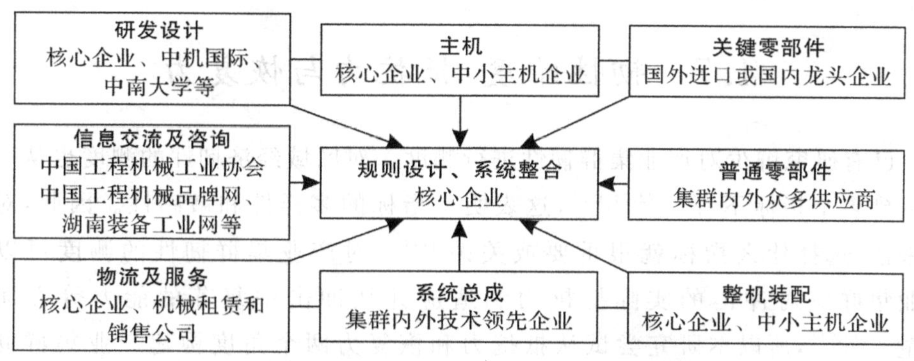

图 4－10　长株潭工程机械产业集群网络组织结构

（本图是根据曹虹剑等[138]研究成果整理得到）

从工程机械产业的全球价值链看，研发设计和服务等环节附加值高，而生产环节附加值低，三一重工、中联重科、山河智能等核心企业已经嵌入了全球价值链附加值较高的研发设计和营销、服务环节，而产业集群内大多数中小企业主要位于附加值较低的生产环节，尤其是很多配套企业的研发、生产技术达不到核心企业的要求[138]，使得核心企业在集群外寻找合作伙伴，降低了集群内部联系紧密度，降低了集群网络价值。

权力不对称在集群网络中产生了某种等级或支配地位[47]。上述分析表明，长株潭工程机械产业集群不仅在集群网络结构中处于中心位置，而且在全球价值链上相比集群内其他企业已经嵌入了附加值较高的环节，导致集群形成了核心企业为主导，中小企业处于被支配地位的权力不对称结构。核心企业决定了技术扩散方式和具有选择技术扩散对象的权力，并且占据交易主动权，且中小企业和配套企业往往将中联重科和三一重工等核心企业视为产业发展的向导和行业技术“标杆”[129,153]，核心企业也因此成为集群知识和技术转移与扩散的源头。

不对称的权力结构也蕴藏着巨大风险。首先，配套企业常常处于被动局面——“被决定是否被外包”，导致其或者依靠低价而非创新优势维持集群成员身份，或者极易被挤出集群[156]。一位企业高管表示：“本地的配套企业，一般是我们企业出标准，拥有专利，让本地企业代工生产，而且签订合同只能给我们供应，不能给其他企业配套。”其次，中小企业或配套企业往往对核心企业产生过多信任甚至盲目信任。比如，长沙工程机械产业集群内的众多中小企业，绝大部分是跟着中联重科等核心企业走，它们要么为核心企业做配套和外协，要么随着核心企业转向。一旦核心企业经营领域或技术研发方面出现方向性错误，这些中小企业将面临重大生存危机[153]。比如，2012—2016 年的工程机械行业进入寒冬期，行业中的龙头三一重工、中联重科等上市公司陷入资金链紧张困境，经营每况愈下，其上下游很多中小企业没了出路，纷纷倒闭或被兼并。

4.7 韧性维度:抵抗力与恢复力

已有研究鲜少对产业集群韧性进行测度。对区域经济韧性的测度也从一个指标到多个指标不等[59,72,74,173],这表明了指标的多样性和敏感性。因此,对韧性来说,选择什么指标就很重要或关键[174]。对产业集群韧性的测度可以从产业集群应对冲击的实际抵抗力和适应并从冲击中复苏的能力等方面来衡量[59,72,74],所以本研究尝试从抵抗力和恢复力两个角度构建产业集群韧性测度指标体系,所选择指标尽可能涵盖代表产业集群抵抗力和恢复力的关键因素。

区域产业结构的多样性有助于产业集群开辟新的发展路径,从而增强其抵御风险的能力。Martin 指出,经济结构是塑造区域面对冲击的敏感性与抵抗性的关键角色[59]。专业化虽有助于区域经济发展,但却可能提高了其对外部冲击的脆弱性[60]。区域或城市的经济结构(产业或其产品)的多样性使其具有更大的增长和稳定性[55]。Boschma 认为与技能相关的产业多样性可以增强区域劳动力的匹配度,冗余员工可以更容易地在当地需要相关技能的行业找到新工作,从而加速区域从特定行业的冲击中复苏[56]。产业结构多样性能够降低风险集中度和增强对经济冲击的抵御能力[70,120]。产业结构多样性有助于地方产业的创新,从而提高地方产业的经济弹性[63]。长株潭工程机械产业属于机械行业,与机械行业内的其他产业更具有技术相关性和相似性。比如,中联重科从 2013 年开始在其工程机械主导产品市场需求萎缩、营业收入连续下滑时,向技术相似的农业机械、环境机械领域拓展,分散了企业经营风险。因此,可以用湖南机械行业的产业多样化指数反映湖南省机械行业结构多样化程度。

劳动力市场条件影响产业集群抵抗外部干扰的应对能力。Martin 等认为,从长期来看,一个地区有能力吸引和留住技术性和创造性的劳动力可能是区域韧性的关键因素之一[52]。受到良好教育的劳动力有助于产生新知识和吸收外部知识,并在区域适应短期经济冲击或中期经济变化方面发挥重要作用[70]。同时,工程机械行业生产也要求有充足的技术工和熟练工[175]。因此,长株潭工程机械产业集群的劳动力供给市场可以用机械行业从业人员数表示。

产业集群抵抗力还取决于集群规模及其增长速度。有学者认为,只有在产业发展到一定规模时才能产生更强的竞争力,进而抵御市场变化[155]。而且,具有持续的强劲经济增长趋势的地区,企业对经济的期望和信心更强,这会鼓励企业，尤其是未受到经济冲击严重影响的企业留住工人并保持投资，从而为该地区的复苏做出贡献[52]。因此，长株潭工程机械产业集群的规模可以用主营业务收入、企业数量或就业人数等来表示，产业集群发展速度可以用主营业务收入增速等表示。

创新有助于产业集群形成新的增长路径。产业的技术创新被认为是发展更多元化的经济体的关键[50,70]。创新型企业在经济困难时期表现得更加灵活和适应能力强，创新的过程改变了企业内部的动态能力，因此，创新型企业更普遍的地区，经济可能更具韧性[52]。衡量产业集群创新的指标常用专利、新产品产值等[149]。长株潭工程机械产业集群研发投入最大、创新能力最强的是三一重工、中联重科和山河智能等龙头企业，因此用三一重工、中联重科和山河智能三家龙头企业的累积申请专利量表示集群的创新投入，用工程机械新产品产值表示创新产出。

产业集群对外开放程度也影响其韧性。Martin 等认为一个地区的出口导向和依赖可能是一个关键因素，尤其是服务于特别活跃的海外细分市场，可能是抵御衰退的一个重要缓冲器，也是形成复苏优势的一个来源[55]。Boschma 也认为，一个地区对外部世界的开放程度影响到其经济韧性[56]。如前文所述，工程机械行业具有明显的外部市场导向性，而对外开放程度影响工程机械产业的市场开拓。在国内市场需求不足时，将工程机械产品出口到国外是很多企业尤其是龙头企业开辟新市场的战略选择。工程机械产品出口交货值是衡量工程机械产品进入国际市场的重要指标。因此，本研究选择出口交货值衡量该产业集群的对外开放程度。

地方产业是一个动态演化的过程，产业动态性越强，活力越大，韧性就会越强。当不断有新的企业进入，地方产业就有可能避免从成熟走向衰落，从而恢复增长[63]。新增企业数量越多，反映产业集群活力越大，产业集群韧性越强。因此，可以用新增企业数量反映产业集群活力，本研究用规模以上新增企业数量反映产业集群发展活力。

综上，本研究选择指标 $X_1 \sim X_5$ 反映产业集群的抵抗力，$X_6 \sim X_9$ 反映产业集群的恢复力，具体见表 4－9。

表 4-9 长株潭工程机械产业集群韧性评价指标体系①

目标层	准则层	指标代码	指标层	指标含义及计算方式
产业集群韧性	抵抗能力指标	X_1	产业多样化指数	计算方式见公式(4-4),反映产业结构多样化程度
		X_2	机械行业从业人员数	反映劳动力供给
		X_3	主营业务收入	反映产业集群发展的规模
		X_4	规模以上企业数量	反映产业集群发展的规模
		X_5	主营业务收入增长率	反映产业集群发展速度
	恢复能力指标	X_6	龙头企业累积专利申请量	用中联重科、三一重工和山河智能累积专利申请量之和表示,反映产业集群的学习创新能力
		X_7	新产品产值	反映产业集群的创新产出能力
		X_8	出口交货值	反映集群对外开放程度
		X_9	新增规模以上企业数	反映产业集群发展活力

注:公式(4-4)[70]为 $X_1=\sum_{i=1}^{n}P_i\ln(1/P_i)$,其中,$X_1$ 为产业多样化指数,取值范围为[0,1],其值越大,表示产业多样化程度越高,其值越小,表示产业多样化程度越低;n 表示湖南机械行业中产业的数量;P_i 为某一产业 i 的工业增加值占湖南机械行业工业增加值的比重。

长株潭工程机械产业集群韧性的综合评价值为[176]

$$R_i=\sum_{j=1}^{n}W_jX'_{ij} \tag{4-5}$$

式中,R_i 为第 i 年的产业集群的韧性综合评价值;n 为指标个数;为消除不同指标单位和量纲差异对结果造成的影响,X'_{ij} 为经过极差标准化处理的第 i 年的第 j 项指标的标准化值,其取值范围为[0,1],计算方法如下:

$$X'_{ij}=\frac{X_{ij}-X_{j\min}}{X_{j\max}-X_{j\min}} \tag{4-6}$$

式中,X_{ij} 为第 i 年的第 j 项指标的原始值②。

① 说明:因缺少对长株潭工程机械产业集群新产品产值和出口交货值等相关指标的统计,而湖南工程机械主要集中在长株潭,因此,此处关于产业集群韧性的计算用湖南工程机械行业的相关指标来代替。其中,新产品产值部分年份数据缺失,缺失年份利用整体变化趋势预测得出。

② 说明:新产品产值和出口交货值根据各年份湖南工业生产者出厂价格指数进行折算,得到其可比价参与计算。

W_j 为指标权重，此处采用熵值赋权法确定，熵值赋权法在一定程度上可以避免主观因素带来的偏差[177]。具体步骤如下：

(1)指标的正值处理：由于经过极差标准化处理的 X'_{ij} 有 0 值，为了避免求熵值时对数的无意义，需要对数据进行正值处理且不影响最终结果，处理方法为

$$U_{ij} = X'_{ij} + 0.00001 \tag{4-7}$$

(2)对指标做比重变换：

$$S_{ij} = \frac{U_{ij}}{\sum_{i=1}^{m} U_{ij}} \tag{4-8}$$

(3)计算第 j 项指标的熵值：

$$H_j = -\frac{1}{\ln n}\sum_{i=1}^{m} S_{ij}\ln S_{ij} \tag{4-9}$$

(4)计算第 j 项指标的差异度：

$$\alpha_j = 1 - H_j \tag{4-10}$$

(5)计算指标 X'_{ij} 的权重：

$$W_j = \frac{\alpha_j}{\sum_{j=1}^{n} \alpha_j} \tag{4-11}$$

式中，n 和 m 分别为指标个数与样本个数。

根据公式(4-5)，计算得到 1998—2017 年长株潭工程机械产业集群的韧性综合评价值(见图 4-11)。由图 4-11 可见，长株潭工程机械产业集群的韧性大致呈现波动变化到总体增长的变化趋势，韧性综合评价值从 1998 年的 0.05 增长到 2017 年的 0.74。

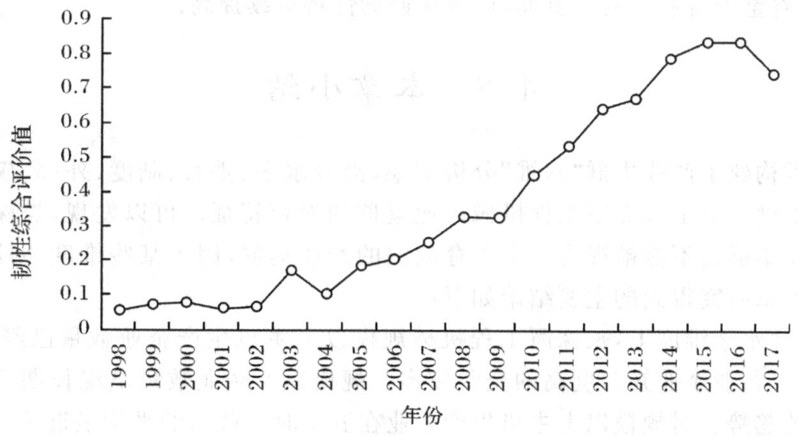

图 4-11　长株潭工程机械产业集群韧性变化

第一个阶段为1998—2004年,长株潭工程机械产业集群的韧性呈波动变化,韧性综合评价值从0.05增长到0.10,其中2001—2002年有小幅下降,而2003年明显上升。分析其主要原因,从抵抗力指标来看,2001—2002年湖南省机械行业的产业多样化指数下降,原因是2001—2002年湖南汽车产业的工业增加值比2000年翻了几番,而且与其他行业拉开了较大差距,几乎是工程机械和电工电器两大行业工业增加值的两倍以上,更是其他类机械行业的十倍甚至数十倍以上,因此造成产业结构多样化程度下降。2003年,随着工程机械和电工电器等行业的快速增长,缩小了与汽车产业的差距,产业多样化指数又有所提升。从恢复力指标来看,2002年工程机械行业不但没有新增规模以上企业反而减少2家,而紧接着2003年新增规模以上企业17家。可见,长株潭工程机械产业集群的抵抗力和恢复力偏低,导致集群韧性不高。

第二个阶段为2005—2017年,产业集群的韧性总体增长,个别年份有所下降,韧性综合评价值从0.19增长到0.74。除2009年受金融危机影响,出口交货值下降幅度较大外,其余年份各抵抗力指标和恢复力指标均保持较好的增长态势。尤其是长株潭工程机械产业集群的总体规模快速扩大,龙头企业因规模和创新能力的显著提升而迅速成长,导致产业集群韧性大大提高。2017年,产业集群韧性出现小幅下降,主要原因是,在经历了2012—2016年发展困难期,尽管2017年长株潭工程机械行业触底回升,部分经济指标由负转正,主营收入、利润等整体实现增长,上市公司经济效益也明显好转,但是工程机械增长率5年来的下降趋势仍未扭转,主营业务收入增长率从2011年的83.9%跌落到2012年的1.1%,之后5年连续下降,2017年为−53.3%,是1998—2017年长株潭工程机械增速最低水平。但是,产业集群恢复力指标普遍有所提升,因此,集群整体韧性下降幅度不大。可以预见,随着整个行业的逐步复苏,产业集群韧性将持续提高。

4.8 本章小结

本章构建了产业集群"六维"分析框架,沿着水平、垂直、制度、外部、权力关系和韧性维度分析了长株潭工程机械产业集群的发育特征。可以发现,长株潭工程机械产业集群还不能被视为一个发育成熟的产业集群,因为某些维度还处于培育阶段。本章研究得到的主要结论如下:

(1)在水平维度上,长株潭工程机械规模以上主机生产企业数量已经达到60家左右,且行业企业知名度高的企业较多。规模以上企业数量呈现长期增长后小幅下降的趋势。对规模以上主机生产企业在五个时间截面的平均最近邻指数进行分析,表明主机生产企业在空间上越来越呈现集聚分布的模式。随着时间的变迁,主机生产企业的地域分布空间范围不断扩展,但总体地域分异格局较稳定,主要集聚分布在长沙市的长沙县和岳麓区，而在长沙市其他个别区县和湘潭市、株洲市部分区县形成了低密度分布区。对长株潭工程机械主机生产企业的生成类型分析证明，本地新创企业和衍生企业是集群企业生成的主要类型，国有企业演变、研究机构和大学衍生企业及政府的招商引资也促进了主机生产企业的集聚，以上企业创立方式特别有助于集群水平维度的增长。主机生产企业尤其是龙头企业间竞争激烈，但激烈竞争一定程度上促进了集群创新水平的提高，加速了整个集群发展。

(2)在垂直维度上，长株潭工程机械产业集群垂直维度仍然不发达，产业链不完善，产业配套能力不足，生产性服务业发展滞后。计算核心企业的本地供应商的平均最近邻指数，推断出核心企业的本地供应商在空间上呈现出显著的集聚分布模式，进一步发现绝大部分供应商集聚分布在长沙市范围内，如长沙县、天心区、开福区等地，构成了一个较高密度的集聚区。湘潭市和株洲市极少有分布，核密度值相对很低。对本地零部件配套产业的分析表明，配套企业在本地的集聚，一方面，核心企业的集聚以及这些核心企业的哑铃型生产经营模式，吸引了一些配套企业在其周边集聚。另一方面，以核心企业为母体衍生出的本地配套企业也较多。但集群零部件配套能力总体不足，本地主要供应基础零部件，关键核心零部件主要来自省外或国外。同时，本地生产性服务业起步晚，总体发展水平低。在以三一重工、中联重科和山河智能几个核心企业为龙头、众多中小企业配套形成的集群中，集群内合作关系主要表现为主机企业和配套企业间的垂直协作关系。

(3)对集群制度维度的分析发现，地方政府在促进产业集群形成和发展方面发挥了直接的作用。虽然没有预先存在的政策计划来建立这样一个集群，但当这一产业开始出现，持续的政策支持与有效的制度安排贯穿了长株潭工程机械产业集群发展的全过程。本章梳理了 1996—2017 年的相关政策文件，利用内容分析法对政策内容进行词频分析，发现“产业集群”是高频词，表明培育发展工程机械产业集群一直是地方政府的政策重点。另外，“技术”和“核心企业”是主要政策着力点。同时，政府在政策支持上具有优先项选择，比如对重点企业、重点园区、大型成套设备、配套产业和突破关键技术难题的重点支持。而近几年，政府政策进一步具体化，对配套产业的支持具体到关键零部件，支持企业生产智能化产品。但是，政府政策也存在制度不完善的问题，比如政策倾向支持核心企业，对中小企业支持力度弱，在知识产权保护、人才引进等方面的支持力度不够，在物流配送和公共服务平台建设等方面还不完善。按照“工业向园区集中”的思路布局产业，产业园区将成为长株潭工程机械产业集群发展的重要载体，但目前对产业链建设的空间布局和园区或区域的具体分工还不够明确。

(4)对集群外部维度的分析发现，外部市场导向性和跨地域联系是长株潭工程机械产业集群发展的重要特征。首先，市场需求是推动长株潭工程机械产业集群形成和发展的最根本动力。该产业集群的演化过程基本与国内工程机械市场需求的变化一致，说明其受国内市场需求影响最大。其次，通过对核心企业的省外供应商分析发现，省外供应商空间分布不均衡，主要分布在长三角和环渤海地区，说明长株潭工程机械产业集群形成了基于供应链的跨地域生产联系。最后，通过核心企业在全球范围内的资源整合与市场开拓，长株潭工程机械产业集群与集群外部单位建立了研发合作、战略联盟等各种跨地域联系。

(5)对集群权力关系维度的分析发现，在长株潭工程机械产业集群的企业间有明显的权力不对称关系。核心企业处于集群网络中心位置，并且已经嵌入全球价值链附加值较高的环节，在集群中具有绝对技术优势并占据交易主动权，是集群知识和技术转移与扩散的源头。其余多数企业，尤其是中小企业处于集群网络外围，且位于全球价值链附加值较低环节，发展被动，易于被挤出集群或由于对核心企业的盲目信任而隐藏生存危机。

(6)对集群韧性维度的分析发现，长株潭工程机械产业集群韧性大致呈现波动变化到总体增长的变化趋势，韧性综合评价值从 1998 年的 0.05 增长到 2017 年的 0.74。1998—2004 年，由于集群抵抗力和恢复力偏低，导致集群韧性不高；2005—2017 年，集群抵抗力与恢复力都有所增强，尤其是集群规模和创新能力显著提升，导致集群韧性大大提高，尽管 2017 年因行业刚刚复苏，产业集群增速下降趋势仍未扭转，但随着行业情况好转，产业集群韧性未来将持增长态势。

本章在 Bathelt 多维集群分析框架中，新增加了韧性维度，构建了产业集群的“六维”分析框架，以此对案例集群的企业集聚、产业配套、制度环境、集群内外联系、集群中的权力关系、集群韧性等六个方面进行了细致分析。特别关注了以往研究中容易被忽视但对集群发展至关重要的集群韧性问题，研究视角更全面，在此框架下的案例分析也更深入和透彻。另外，在当前对产业集群韧性研究偏少，缺少产业集群韧性定量评价方法的情况下，本研究综合考虑能够代表产业集群抵抗力和恢复力的关键因素，尝试构建了集群韧性的评价指标体系。

本研究结果也有新的发现。比如，与很多实证研究所强调的产业集群水平维度因企业间密集的合作互动关系而形成联系紧密的网络关系不同，本研究案例水平维度企业间并不存在明显的互动合作，相反，企业间竞争激烈，而这种竞争一定程度上也刺激了集群发展。

在与国内同类型产业集群比较后发现，与徐州工程机械产业集群等产业链比较完整的集群相比，本研究案例集群产业链不完善，尤其是零部件配套能力不足，生产性服务业发展水平低，导致集群垂直维度很不发达，成为影响案例集群整体竞争力的制约因素。另外，本研究案例集群产品的非在地性消费特征和弱家庭用户消费特征，决定了其比一般产业集群更易受整个国内市场的影响。

第5章

长株潭工程机械产业集群形成机制

在上一章对长株潭工程机械产业集群的多维度分析中发现，地方产业发展的历史基础、产业发展的自我强化、企业间的竞争合作关系、核心企业成长、制度环境变迁、市场需求变化等因素在长株潭工程机械产业集群的形成和发展过程中都发挥了重要作用，并且在不同阶段这些因素的影响效应强度存在差异。本章基于路径依赖、集聚经济、网络权力、制度经济等理论阐释长株潭工程机械产业集群的形成机制。

5.1 路径依赖

马歇尔首次提供了对特定产业在特定地区集聚的解释，认为集群出现是由于存在特定区位的外部性。但是，很多学者研究发现，特定区域的外部性在新产业空间演化的初始阶段是不存在的。也就是说，本地独有的外部性在仅有一个企业时是不存在的，在各种集群企业从充足的劳动力市场及知识外溢中获益之前，必须有其他企业进入集群。因此，演化经济地理学认为，从一个企业到很多企业的演化是集群产生的关键过程。演化经济地理学者用路径依赖模式解释了产业这一演化过程。首先，本地以往经济的发展创造了新兴产业发展的本地环境[49]，但这些充分的先决条件不会导致当地产业集群的自动出现。其次，某些历史偶然事件触发一些行动者出现并利用这一潜力，从而形成企业的最初区位[18,87]，并吸引其他行动者加入，形成一个关键群体，发展路径形成。最后，通过不断累积和自我强化，选中的路径进入锁定状态[19]。

5.1.1 地方产业发展基础

有很多经验证据证实了新路径往往是由旧路径塑造的[17,27]。本地新兴产业的出现至少部分会受到本地以往经济发展过程中所遗留下来的资源、能力、技能和经验的刺激或促成。这些遗存下来的禀赋条件构建了一个产业发展环境，本地行动者在这一环境中进行有目的的实践和竞争，同时这一环境也可能对其他地方的行动者产生吸引力[49]。

纵观湖南省机械工业历史沿革可以发现，长株潭工程机械产业的萌芽和发展得益于湖南机械工业的专业化、多样性以及长期发展所积累的技术、人才和相关经验。新中国成立前，湖南省内政府经营的大型机械厂仅有3个。新中国成立后，湖南省创办了一批机械设备和零部件生产企业。国家三线建设时期，由中央、省、地、县政府投资，新建、扩建了一大批国营机械工厂。20世纪80年代，湖南机械工业进入全面提升产业发展水平阶段。20世纪90年代之后，湖南机械工业以技术改造为主要手段，进入全面发展阶段。湖南机械工业从修配到制造，从生产单机到生产成套设备，逐步发展成一个门类比较齐全、布局比较合理的工业部门①。

一位受访者提道："我们企业进入这个行业之前，行业已经有了一定人才基础优势，原来湘潭有一些军工企业，比如江麓、湘电、株洲三三一厂等，培养了一些人才。"

一位受访官员也表示："像这种大的装备（工程机械）的话，其实很难凭空跑出来，要有一定历史的积淀。"

地方产业发展基础只是提供了一个集群发展的潜力，一些行动者必须出现并利用这一潜力[31]，从而形成产业集群的最初区位，而利用方式有多种，例如创立企业，利用有利的环境来产生突破性的创新等。机械工业的长期发展，使湖南特别是具有经济和区位优势的长株潭地区成为培育工程机械产业的沃土。一方面，直接培育了一些生产工程机械的企业。另一方面，地方先前和现在的经济与研究活动"创造"了潜在的企业家[141]，这是产业集群出现的一个至关重要的地方先决条件[141,178]。长株潭工程机械行业很多企业家的个人背景也反映了历史先决条件对路径依赖的重要性。湖南机械工业的发展培养了一批创业型企业家和技术工人，为后来工程机械产业的崛起奠定了产业基础。长株潭的很多大中型工程机械企业的创始人及管理团队或技术人员，很多出自本地的其他机械行业。比如，三一重工的梁稳根等几位创始人，在创业前就有在原兵器工业部涟源洪源机械厂工作的经历；铁建重工的高层管理人员中，有不少之前是铁道部株洲桥梁厂的技术员、工程师等；恒天九五的董事长唐蕾来自邵阳纺织机械有限责任公司（简称邵阳纺机），恒天九五技术团队中的工人有一部分来自山河智能。

如前一章所述，湖南机械工业产业结构的多样化也增强了工程机械产业集群抵御危机的能力。多样化结构产生的外部性，有利于产业在面对外部冲击时改造和转化现有技术，摆脱原有生产模式，实现新的发展路径。湖南机械工业拥有电工电器、工程机械、汽车、轨道交通装备、重型矿山机械、农业机械、基础件等 11 个子产业，类型丰富，其中电工电器、基础件等与工程机械产业具有一定前后向生产联系，汽车、重型矿山机械和农业机械等与工程机械产业在生产工艺等方面具有一定的相似性，为工程机械企业在遭遇危机时提供了更多的转型机会。这种多样化的产业结构降低了风险集中度，有效地将外来冲击转移或分散到多个不同产业或企业中，从而能够防止产业结构单一造成的"锁定"效应，有助于经济的迅速恢复。可见，产业结构多样性能够增强对经济冲击的抵御能力[69,120]。例如，中联重科和三一重工在 2012 年工程机械市场需求持续下滑之后，纷纷开辟新业务领域，农业机

---

① 资料来源：湖南省地方志编纂委员会. 湖南省志 · 工业综合志(1978—2002)[M]. 珠海：珠海出版社，2009：272 - 277；湖南省地方志编纂委员会. 湖南省志第九卷 · 工业矿产志 · 机械工业[M]. 长沙：湖南出版社，1992：1 - 26，681 - 702.

械和环卫机械成为中联重科新的业绩增长点，到2016年，中联重科环卫机械和农业机械两大新业务板块占比已经达到45.24%；三一重工在2012—2016年的行业低谷期，也积极发展风电装备、海洋工程装备、PC装备等新产业，这些企业发展新的业务领域在一定程度抵消了工程机械板块收入下降的影响。

5.1.2 历史偶然事件与区位机会窗口打开

有学者指出，一些区域可以为新产业的出现提供一个激励环境，而另外一些区域提供不了，但两类区域都可能成为新产业的首次出现地[179]。集群中首创企业的建立，往往被认为是在特定地理区位偶然因素的集合[19]。因此，偶然事件对产业的空间演化很重要。经典的路径依赖模型的第二个阶段就是历史偶然性，即由某个历史偶然事件或随机事件导致了企业最初区位[19]，这些偶然事件或随机事件可能是由政策变化、区位条件变化、外部市场变化、地方因素等引起的[102]。

导致长株潭工程机械产业集群出现的随机事件就是由政策变化引起的。20世纪60年代，在国家"三线建设"的背景下，上海工程机械厂(即后来的浦沅)和一机部建机所内迁至湖南省常德，后来又搬迁到长沙，这是之后长沙乃至整个湖南省工程机械产业发展的起源。显然，浦沅和一机部建机所的内迁，并非是最优区位的经济选择，而是由政治因素驱动的偶然事件。这样，长株潭发展工程机械产业的"区位机会窗口"被打开。

5.1.3 企业衍生与自我强化机制

集群由一个企业增加到多个企业，衍生企业的进入是一个关键的过程[19]。企业衍生是产业集群新企业创立的关键机制，其在产业活动的地理集聚与地方集群成长过程中发挥着关键作用[180]。成功企业是衍生企业的培育场所，一个成功的企业可以孵化出大量新企业。长株潭工程机械产业集群的形成很大一部分得益于衍生机制。从长株潭工程机械企业的生成类型中分析发现，有很大部分企业属于成功企业的衍生企业。衍生方式主要包括母公司衍生型和创业衍生型。

(1)母公司衍生型。比如，三一重工、中联重科等成功企业在本地衍生出了数量众多的子公司或分公司，这些企业与母公司在技术工艺等方面具有很强的相似性，或者与母公司生产同类产品，或者为母公司提供配套产品。由于继承了母公司的惯例和经验等，并且有母公司在技术等方面的支持，使得这些衍生企业通常会更成功。

(2)创业衍生型。大多数创办这类新企业的企业家因为已经在原企业积累了大量关系和资源，为了提高成功的可能性和减少风险，更倾向于在邻近他们之前的雇主的地方建立自己的新企业，这样既可以保持社会关系，也可以继续利用当地的劳动力、供应商等资源，进而产生了集聚效应。比如在三一重工、中联重科等企业工作过的人员，脱离原单位后在本地创办了工程机械企业，依靠他们在过去就职企业的雇佣经历及可用的社会关系等取得成功，如泰富重工、星邦重工等重点企业均为创业衍生型企业。

(3)其他类型。集群中还有一部分企业属于大学、研究机构等的衍生企业，比如中联重科和山河智能等企业。

以上这些衍生企业又进一步衍生出其他新企业，形成“滚雪球”式增长。随着企业数量增长，集群开始形成。而一旦集群开始形成，一个自我强化的循环就会促进其增长，尤其是在地方环境的支持和竞争激烈的情况下[6]。

除了通过循环的衍生过程促进集群企业数量增长外，通过衍生过程，母企业的知识和惯例被传播给衍生企业，特别是成功企业的衍生企业因为继承了母企业的优秀能力，会比其他进入者更有竞争力。因此，企业衍生不仅是本地产业内部企业数量规模扩张的重要途径，而且是技术本地化扩散的重要渠道[181]。通过企业衍生，集群逐渐形成[18]。

5.2 市场需求与竞争

按照产业发展的一般规律，市场有效需求与供给的动态匹配是产业不断成长壮大的前提，只有产业的供给在市场上获得持续的经济回报，产业及其相关企业才能持续地维持下去[180]。研究表明，产业集群与专业市场遵循共生发展型演化模式，即两者遵循产业规模共同扩大、组织方式共同演进、产业分工共同深化的同步演进过程[110]。对于任何一个产业集群的成长，如果不能有效拓展其市场规模，这个产业集群就会因缺乏专业化经济、规模经济、范围经济等所带来的竞争优势难以在激烈的市场竞争中持续生存[107]。长株潭工程机械产业的发展壮大，与全国工程机械消费需求增加和市场规模扩大而形成的市场规模效应密切相关。

5.2.1 市场需求与循环累积

新中国成立后至改革开放前，在计划经济体制下，我国工程机械行业一直是有计划的发展，但技术设计水平、产品水平和数量、生产制造能力等方面都不能满足国内经济发展需求，一直处于国家大量进口工程机械产品的局面。改革开放之后尤其是 20 世纪 90 年代以来，社会主义市场经济体制在中国逐渐建立起来，工业化、城市化快速推进，许多建设工程需要成套的工程机械设备，市场的扩大使外资、民营资本及其他行业资本大量进入工程机械行业①。

① 资料来源：中国工程机械工业协会. 中国工程机械行业志(1949—2005)[M]. 北京：方志出版社，2010：621 - 624，672 - 708.

从上一章分析中可见，具有典型外部市场导向性的长株潭工程机械产业集群的整个发展过程与国内工程机械市场需求的变化趋势一致。20 世纪 90 年代末，在国内市场需求刺激下，浦沅完成了向长沙的战略转移，中联重科、三一重工、山河智能等一些重点企业成立。到了 21 世纪，市场需求的扩大刺激了长株潭工程机械企业不断扩大生产规模。随着核心企业生产规模扩大和知名度的提升，以及集群整体规模的不断扩大，形成了产业的规模经济优势，并形成了区域品牌效应，进而吸引更多企业的进入，促进集群规模进一步壮大。在如此循环累积机制作用下，市场需求与企业规模经济、范围经济及产业规模经济相互强化，从而推动了长株潭工程机械产业集群规模的发展壮大[180]。

5.2.2　市场竞争与国际化战略

除了市场需求的刺激，市场竞争也是推动集群成长的重要驱动力。大批国际跨国公司进驻中国市场是迫使中联重科、三一重工等工程机械企业快速走向国际化的原因之一。2000 年以后，因我国工程机械市场需求旺盛，国际工程机械跨国公司纷纷进入中国，知名企业如美国的卡特彼勒，日本的小松、日立，韩国的现代、斗山，德国的阿迈、普茨迈斯特，瑞典的沃尔沃等，跨国公司的数量多达 100 多家。这些跨国公司投资力度大，兼并中方企业或创建独资企业，使中国工程机械行业呈现全面国际化竞争状态。在跨国公司的竞争压力下，中联重科、三一重工等一批国内企业一方面加快改革创新的步伐，提高企业自身的核心竞争力；另一方面加快走向国际化，兼并收购国际知名企业。比如，中联重科收购英国保路捷公司、意大利 CIFA[182]，三一重工收购普茨迈斯特等。同时，中联重科、三一重工等国内企业在全球各地建立分公司、子公司、工业园、新工厂和常驻机构，建立全球物流网络和零配件供应体系。

全球化竞争不仅没有削弱中联重科、三一重工等企业，反而刺激这些企业主动参与国际市场竞争，并快速成长为国际性大企业。特别是在近几年受国内产能上升、基础建设逐渐放缓等因素的影响，工程机械国内市场低迷的情况下，国际化战略不仅扭转了这些企业在国内市场中的不利局面，而且推动了长沙由“国内工程机械之都”向“世界工程机械之都”迈进。

5.3　企业地理集中与集聚经济效应

随着企业在空间集中，集聚效应开始显现。集聚经济理论认为，企业集聚可以共享专业技术劳动力、供应商、专用基础设施和其他各种集体资源，以及享受技术外溢带来的好处[13]。

5.3.1 中间和辅助行业的增长

制造商与零部件供应商和服务商等相关企业的共处有利于降低运输成本[16]，提升竞争优势。观察长株潭工程机械产业集群发现，它的配套能力虽然不强，但仍然形成了以三一重工、中联重科等大企业为核心、中小企业在周边集聚的轴辐式产业集聚模式。

三一重工、中联重科等核心企业将重心放在研发和销售上，生产过程以装配及关键部件加工为主，其他零部件都从配套企业采购。这种垂直分解的生产网络，一方面使核心企业可以专注于核心竞争力的提升，另一方面创造了更多的企业间交易关系。中小企业在与这些大型企业建立了稳定的交易关系后，为节约成本，提高快速反应能力，倾向在大企业集团附近布点建厂，逐渐形成产业集群[183]。配套企业对核心企业形成了很强的交易性依赖关系，核心企业通过其财力等保持了对整个生产网络的控制。而且，近年来核心企业为解决自己的企业配套问题，在周边建设自己的配套园区、配套体系。

这些配套企业的集聚推动了长株潭工程机械行业本地供应投入的进一步专业化。通过供应链，主机生产企业与供应商、合作伙伴等发生大量交易行为，形成正式的交易性相互依赖关系。同时，这些企业的彼此靠近，可以降低运输、通信、信息交换等的成本。

5.3.2 熟练劳动力资源的增长

1.劳动力市场

从企业和员工的角度来看，如果周围有几个类似和相关的企业，那么可以认为本地劳动力市场的运作情况较好[184]。随着企业的集聚，面向该产业的技术工人和熟练劳动力市场逐渐发展起来。笔者调查结果显示，67%的企业认为“人力资源供给充足”的描述符合或完全符合实际情况。充足的劳动力供给主要来源于以下几个方面：

(1)行业人才储备。本地机械工业的发展已经为工程机械产业发展储备了大量技术工人和熟练劳动力，正如长沙某工程机械企业高管所言：“我们企业进入这个行业之前，行业已经有了一定的人才基础优势，原来湘潭有一些军工企业，比如江麓、湘电、株洲三三一厂等，培养了一些人才。”

(2)专业技术教育。与工程机械行业相关的专业技术教育发展较早，比如中南大学、长沙理工大学分别早在1964年、1978年就建立了工程机械相关专业，湖南大学、国防科技大学等高校也拥有与工程机械相关的专业，中南大学已有了与工程机械有关的博士授予权，这些高校的相关专业为行业发展培养了大量相关专业人才。

(3)校企联合培养。随着工程机械行业在湖南的发展壮大,对人才的需求量大增,导致工程机械企业与高校在人才培养方面建立起了更多直接合作关系。中联重科、三一集团等企业通过与多所高校建立校企合作关系,或直接创办高职院校等方式,培养企业发展所需的人才。比如,三一集团不仅与中南大学、湖南交通职业技术学院、湖南技师学院等本地高校签订校企合作协议,联合培养工程机械专业人才,而且还创办了高职院校——三一工业职业技术学院,直接为三一集团输送人才。中联重科与湖南工业职业技术学院、湖南机电职业技术学院、湖南城建职业技术学院、湖南商务职业技术学院等学校以联合办学形式共同培养企业所需的实用性技能人才[185]。

(4)核心企业的劳动力输出。三一重工、中联重科等核心企业向其他企业输送了大批的熟练劳动力,正如长沙某工程机械企业高管所言:“这个行业,员工流动性还是比较大的。特别是三一和中联,2012 年之后,行业不景气了,三一、中联和山河的很多员工流向了其他企业。”同时,三一重工和中联重科等企业本身吸纳劳动力的数量较多。三一重工在 2008 年员工人数就已经突破了 1 万人,最高峰时达到 51827 人(2011 年),自 2012 年开始,员工人数下降,但仍然保持 1 万人以上的规模。中联重科的员工人数也超过 1 万人,最高峰时达到 31707 人(2012 年),之后员工人数逐年下降,但也保持在 1 万人以上。

2. *劳动力流动*

长株潭地区数量众多的大学和公共研究机构为工程机械企业发展提供了大量高素质劳动力,这对于扩大企业规模、提高企业生产效率具有重要意义。另外,员工在各企业间的流动,使得企业可以比较容易在当地找到熟练劳动力,员工也比较容易找到工作,不仅降低双方的搜索成本,而且行业知识和技术也通过这种方式在企业间得到扩散和传播,使企业享受了因地理临近而带来的技术外溢的好处。

3. *劳动力成本优势*

劳动力成本是企业生产成本的重要组成部分。笔者调查结果显示,受访企业对本地劳动力成本对自身发展影响的评分(评分在 1～5 分之间)的平均分达到了 4.3。长株潭工程机械企业员工绝大多数来自本地,占到 50%～70%,因此,本地的劳动力成本对企业影响较大。同时,长株潭地区的劳动力成本相对较低。根据《中国统计年鉴 2017》数据,2016 年,全国制造业城镇私营单位就业人员平均工资 42833 元,湖南仅 33191 元,工资水平低于全国大部分省份,位列第 25 位。充足的劳动力资源加上较低的劳动力成本,为长株潭工程机械产业集群发展提供了人力资源保障。

5.3.3　基础设施和集体资源的共享

专用基础设施和各种其他集体资源的出现，可以降低单个企业的成本。这包括交通、通信、水电供应设施等，以及教育、培训、医疗等公共服务资源。总体来看，长株潭地区的基础设施和公共服务资源适应和支持了本地工程机械产业发展的需要。

1. **交通条件**

笔者问卷调查结果显示(见表 5-1)，所有企业都认为对“地理位置好”的描述符合或完全符合实际情况，所有企业都认为对“交通便利”的描述符合或完全符合实际情况。长沙作为省会城市，与徐州、柳州等国内其他工程机械城市相比，地理位置好，在交通、物流和信息交流等方面都占有明显优势。长株潭城市群有湘黔、湘桂、京广、浙赣等铁路干线交汇，上瑞、京珠高速及 106、107、319、320 等国道贯通，区位和交通条件优越。

表 5-1　长株潭工程机械企业生产经营环境状况

因素	完全不符合	不太符合	一般	符合	完全符合
地理位置好	0	0	0	75.0%	25.0%
交通便利	0	0	0	58.3%	41.7%
水、电、路、网等各项基础设施完备	0	0	0	58.3%	41.7%
教育、医疗设施完善	16.7%	8.3%	8.3%	41.7%	25.0%
生活、娱乐便利	0	8.4%	25.0%	33.3%	33.3%

图 5-1 为 1994—2016 年湖南高速公路里程的变化，可以反映出湖南交通条件的改善。1994 年湖南第一条高速公路建成通车，之后经过 20 多年的建设，湖南高速公路从无到有、从点到面、从线到网。目前，长株潭城市群已形成半小时高速通勤圈，与周边省(区、市)全部实现高速公路连通①。交通基础设施建设除了产生对工程机械的直接需求外，也为产业发展提供了良好的运输条件。通过铁路等交通干道连接上海、广州等港口城市，企业所依赖的外部零配件，如底盘、发动机等大宗商品比较容易进口和运输，产品出口也很方便。便捷的交通条件使得长株潭的市场辐射范围广阔，特别是南面、东面邻近经济发达、房地产市场起步较早的广东、浙江等省份，为重型机械提供了最初的需求[186]。

① 资料来源：湖南省交通运输“十三五”发展规划。

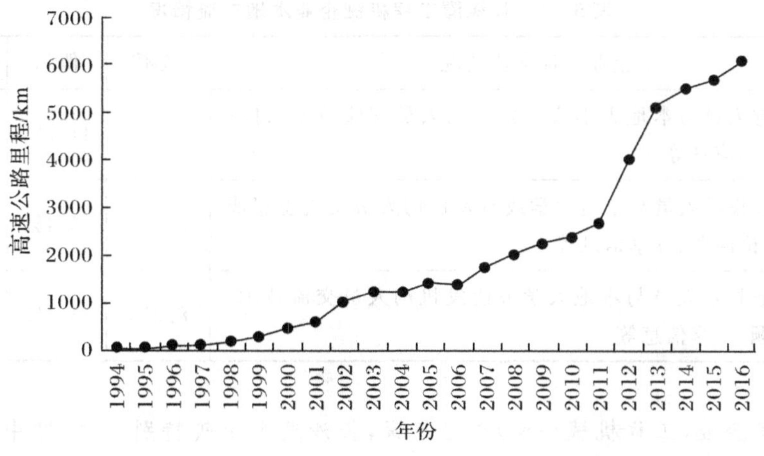

图 5-1　湖南高速公路里程历年变化

2. 水、电、路、网

笔者调查结果显示(见表 5-1),企业都认为对“水、电、路、网等各项基础设施完备”的描述符合或完全符合实际情况,说明长株潭地区的基础设施较为完善。对于教育和医疗设施的调查结果显示,66.7%的企业认为“教育、医疗设施完善”的描述符合或完全符合实际情况,8.3%的企业认为此描述实际情况一般,8.3%的企业认为此描述与实际不太符合,16.7%的企业认为此描述完全不符合实际情况,认为描述不符合或完全不符合实际情况的企业主要位于宁乡高新区。对于生活、娱乐便利性的调查结果显示,66.6%的企业认为“生活、娱乐便利”的描述符合或完全符合实际情况,25.0%的企业认为此描述实际情况一般,8.4%的企业认为此描述与实际不太符合。同样,认为实际情况一般或不符合实际情况的企业均位于宁乡高新区。可见,除宁乡高新区因建园时间相对短,生活服务配套设施不完备外,其他地区的基础设施和生活服务设施较为完备。

3. 公共服务资源

大学和研发机构是企业知识和技术的重要来源。大量实证研究表明,教育制度和公共研究对企业和企业群体有重要影响。地方教育制度和研究机构的存在是企业选址的重要标准[31],公共研究增加了附近企业的创新能力[31]。

笔者调查结果显示,长株潭工程机械企业与本地大学或科研机构有较为密切的技术交流和互动。在受访企业中,55.0%的企业表示其技术来源之一是与大学和科研机构的合作研发。同时,大多数企业的管理人员、研发设计人员和专业技术人员与本地大学或研发机构都有不同程度的交流(见表 5-2)。

表 5-2　长株潭工程机械企业本地交流情况

企业本地交流情况	从不	偶尔	经常
企业管理人员与本地大学或研发机构人员交流技术、讨论问题、分享信息等	8.3%	41.7%	50.0%
企业研发设计人员与本地大学或研发机构人员交流思想或技术、讨论问题、分享信息等	8.3%	33.4%	58.3%
企业专业技术人员与本地大学或研发机构人员交流技术、讨论问题、分享信息等	8.3%	33.4%	58.3%

"这类企业(工程机械企业)在这集聚,长沙这个比较特别一些,像中联重科的话,它的前身就是过去中央在长沙有一个研究院。詹纯新他们都是从这个研究院出来的。所以它有一定的技术基础在那里,起初的话实际上就是一个产业转化。那个三一,有好大一批人,基本上是从中联跳出来的……所以,就是说还是要有一定的技术基础去支撑。"

——湖南省经信委某部门负责人

高等院校在为企业培育人才的同时,也产生了大批高新技术成果,是产业集群的直接技术支持和保证[185]。三一重工、中联重科等企业与湖南大学、中南大学、长沙理工大学等高校都有长期研发合作关系。此外,长株潭地区直接从事工程机械研究的研究机构在全国属一流,长沙建机院、长沙矿山研究院、长沙冶金研究院、原机械部第八设计院、原军工部的四十八研究所、608 研究所以及国家建筑机械产品质量检测中心、湖南省工程机械及材料研究中心等研究机构提供了强大的技术研发支撑[187]。尤其是长沙建机院,它是长株潭工程机械产业的起源,也是中国工程机械技术发源地,是国内唯一从事建设机械科研开发的综合性研究机构,一直承担着中国建设机械产品开发和技术更新的重任。

5.4　核心企业在权力关系网络中的主导作用

集群网络存在权力不对称关系,核心企业占领导支配地位,使得核心企业(或者被称为领导企业、锚定企业)成为决定集群生存能力的关键[188]。核心企业在产业集群成长过程中发挥着知识溢出、市场发展导向、企业衍生和柔性集聚等功能[130]。在长株潭工程机械产业集群的形成和发展过程中,中联重科、三一重工、山河智能等核心企业发挥了主导作用,并驱动着整个集群的演化。

5.4.1　知识溢出与技术扩散

技术的创新和扩散是导致集群发展的根本驱动力[162]。长株潭工程机械产业集群的形成和发展部分得益于本地的技术创新与扩散[157]。

1. *核心企业是技术扩散的源头*

中联重科和三一重工等核心企业是技术扩散的源头。中联重科的前身是原建设部长沙建设机械研究院，是中国工程机械技术发源地，是全国首批国家创新型企业、国家技术创新示范企业、国家工业产品生态设计试点企业、国家知识产权示范企业。三一重工拥有国家级企业技术中心、湖南省混凝土机械工程技术研究中心、工程机械智能化技术湖南省重点实验室，以及国家级博士后科研工作站、院士专家工作站及分布在各地的产品研究院等研发平台，且每年将销售收入的 5%～7%用于研发。山河智能获得了"国家认定企业技术中心""国家博士后科研工作站""国家创新型企业""国家技术创新示范企业""国际科技合作基地""国家 863 成果产业化基地""国家工程机械动员中心"等称号。这些核心企业拥有的雄厚科研实力，为本地其他工程机械企业及其配套企业提供了重要的技术支持，成为本地工程机械行业技术扩散的源头。

2. *核心企业知识溢出与技术扩散方式*

核心企业的知识溢出与技术扩散方式主要有以下四种：

(1)通过分公司或子公司的创立。这种方式被认为是一种强烈本地化的知识转移机制[189]。中联重科、三一重工和山河智能等核心企业的分公司或子公司均继承了其母公司的知识和经验，因具有先天技术优势而更成功。

(2)通过直接的企业间联系。为了寻求产量的灵活性、特定的供应以及对地区能力(技术和产品创新)的密切控制，领导型企业也非常关注与当地供应商间的关系。中联重科、三一重工等企业为提升配套企业的配套水平，与其配套企业在质量管理、生产指导、技术攻关等方面都有合作，合作过程中，中联重科、三一重工等企业的创新技术和知识得到了扩散。核心企业与供应商直接的知识传播，一方面促使支持区域核心能力(专业知识、工艺能力、共同价值观和特定社会文化背景)发展的产业氛围更加浓厚，另一方面促使核心企业在创新、效率、质量、时间和竞争力等方面取得更高的绩效[190]。

(3)通过劳动力流动。核心企业汇集了本行业的大量劳动力。笔者访谈发现，长株潭工程机械行业中的很多企业的科研和管理人员都有在中联重科、三一重工等核心企业工作的经历，这些人将中联重科、三一重工的信息、技术和管理经验等带到了新企业，并且这些职工与原企业及分散在其他企业中有共同工作经历的职工存在着广泛而频繁的信息交流和合作，这些人还可能通过培训、指导或帮助将技术和技能传播给更多的工人，这成为长株潭工程机械产业集群知识、技术扩散和转移的一个重要方式。

(4)通过地理临近的观察、比较和模仿。一方面，核心企业使集群具有吸引力，吸引了盟友和竞争对手到该地区观察和监控自己的活动，并将自己的经济表现与这些竞争对手进行比较，这为产品的差异化和变化创造了激励机制，也是技术学习过程的基础[46]。比如，中联重科和三一重工多年的激烈竞争提升了彼此的创新水平，从而推动了整个行业的发展，这也恰好印证了这一观点。另一方面，一批中小型企业通过直接模仿核心企业的产品和技术以维持自身生存，导致集群相关企业数量的增长。

5.4.2 外部联系和“知识守门人”

集群的增长和成功取决于内部和外部联系的组合[46]。集群中的核心企业在成长过程中，除了利用本地集聚的资源，还会整合非本地集聚的集群外部的异质资源[172]。核心企业会按照自己的资源情况及战略要求，不断地进行重新整合，将本地集群中的配套企业替换为集群外部更为胜任的企业，甚至将部分制造环节全部虚拟外包。根据林兰的研究结果[120]，重化工业集群内部有显著的权力分层现象，核心企业对合作对象具有高度选择权，且产业链各环节之间“面对面”交流的需求微弱，这使得核心企业的供货商和研发外包机构分布较为分散，研发的全球外包和零部件的全球采购的比例远远高于其他类型制造业。

工程机械行业属于重工业，本研究调查结果显示，长株潭工程机械行业也符合上述特点。尤其是中联重科和三一重工等核心企业实行全球采购，大部分配套企业分布在省外，关键零部件基本来自国外，因此集群外部的交易关系较多。前文的研究也表明，该产业集群的系统总成、关键零部件等网络组织模块也依赖于国外先进技术领先企业。

创新的决定性触发因素来自其他地区的主要参与者和公司的跨地域合作关系[46]。因此，除了基于生产关系的外部联系，企业通过建立跨地方管道[114]，利用外部知识和技术，是集群外部联系的另一个重要方面。正如笔者在4.5.2小节所分析的，中联重科、三一重工等企业在自主创新的过程中，也和全国很多高校、科研院所和企业有合作研发关系，并且在国内外很多大中城市建立起自己的研发中心和生产基地，不断汇入新的研发力量和技术。

通过以上这些对外联系的方式，核心企业成为长株潭工程机械产业集群对外联系的主要窗口，以及成为接受外部信号和知识的“接收器”。同时，这些核心企业又扮演着集群“知识守门人”角色，获取、吸收集群外部的市场动态和新知识、新技术之后，又通过集群内部网络的传播机制，将这些信息、知识或动态传递给其他企业，从而提高了集群吸收外部知识的能力。

5.4.3　核心企业战略决策与集群韧性

一些有关区域经济韧性的研究指出，区域遭逢冲击得以开始恢复，往往是从行动者(特别是企业家)重新整合手边的资源(包括资金、人力或社会资本等)并进行新一阶段的积累开始的[66]。尤其是地方产业中，核心企业的影响力越大，越能带领地方产业抵御危机[63]，甚至核心企业及其战略行为是地方产业突破路径锁定的决定因素之一。因此，企业家的决策特别是核心企业的战略决策，如对于冲击的认知及采取的响应策略，除关系着自身企业的存活与否，也影响了产业集群整体韧性。

面对市场萎缩，长株潭工程机械核心企业积极进行战略调整，促进企业转型发展，以应对外部环境变化。中联重科从 2013 年开始全力推进战略转型，开始向农业机械、金融服务等领域拓展，成为集工程机械、农业机械、环境产业、金融服务等业务于一体的装备制造企业。三一重工也从 2013 年提出转型发展战略，到 2015 年三一重工向建筑工业化、军工、创业孵化器、举高消防车、环保智能渣土车等新业务转型取得了实质性进展，并且再次强调大力推进“工程机械＋”的转型，实现产业多元化发展。到 2015 年时，在核心企业带动下，长株潭工程机械行业转型已初见成效，原来以地面工程装备为主向地面工程装备、地下工程装备、海上工程装备全方位发展。同时，在国内市场需求大幅下降的情况下，核心企业进一步推进国际化战略，深耕“一带一路”沿线国家和地区等更大的国际市场。这些核心企业在开拓新市场方面积极作为，到 2018 年，三一重工的海外业务占比提升到 40％以上，其国际销售收入由 7.0％上升到 25.1％；中联重科的国际销售收入占比由 2011 年的 4.9％提升到 12.5％。可见，其他业务领域发展及新市场需求使长株潭工程机械产业集群恢复了活力。

5.5　制度安排

制度经济地理学认为经济活动是特定的社会和制度情景的产物，必须置于更广的社会的、政治的规则、程序和传统中去理解[151]。工程机械产业在 20 世纪 90 年代中期就已经成为湖南省重点发展行业之一。同时，长株潭工程机械产业集群的形成和发展，受到国家和省、市、区(县)及园区各级政策力量的推动和影响。尤其是在遭受 2008 年国际金融危机时，国家宏观经济政策帮助工程机械产业集群抵御危机发挥了关键作用。

5.5.1　宏观制度环境变迁与产业发展轨迹

对受访企业的调查结果显示，国家经济发展战略和国家产业发展规划对企业影响程度的评分均为 3.8 分，高于平均值 3.5 分。工程机械行业的每一次重大转折几乎都受到国家宏观经济调控、战略部署及重大政策的影响（见表 5－3）。访谈中一位企业高管表示："中国政府对装备制造业一直是很厚爱的，因为装备制造业的拉动作用很强，它比其他行业拉动的多，对市场的带动、吸纳的人口，对社会的贡献大。"

如表 5－3 所示，湖南工程机械产业的出现与当时的国家发展方针和政策有关，且引领行业发展的中联重科、山河智能等企业就是在中央科学技术体制改革的背景下诞生的。长沙某工程机械企业高管表示："企业创办人是中南大学教授，企业创立是受当时政策的鼓励，当时国家鼓励技术转化、专家办企业。在这之前，教授的团队通过校企合作方式转化科研成果，但效果不太好。1999 年，国家出了鼓励科技成果转化的政策，学校也积极响应，当时学校推出 3∶7 的政策，即将股份与利润分为 3、7 份，3 份归学校，7 份归专家个人。教授团队就在河西观沙岭租了 43 亩①地成立公司。"

表 5－3　各时段国家重大政策对长株潭工程机械产业集群的影响

时间段	国家重大政策	主要影响
20 世纪 80 年代	中央科学技术体制改革	中联重科的前身——长沙建筑机械研究院作为科技体制改革试点单位先行先试，对外有偿转让科技成果，迈出了长沙乃至中国工程机械行业崛起的第一步
20 世纪 90 年代	科技体制改革进入推进阶段，鼓励科技人员面向国民经济建设主战场；鼓励科技人员转化科技成果	1992 年 9 月，时任长沙建机院副院长的詹纯新带领 7 名科技人员创立了长沙中联建设机械产业公司；1999 年，在鼓励高校科技成果转化的政策激励下，中南大学何清华教授创办了山河智能
21 世纪	2008—2010 年四万亿经济刺激计划	国家在铁路、公路、机场等基础设施建设、灾后重建和农村基础设施建设等领域的大规模投资造成国内工程机械市场需求旺盛，长株潭工程机械产业进入发展高峰期；但也造成行业发展不理性，工程机械制造企业产能严重过剩，2012 年之后开始走下坡路

① 1 亩＝666.67 平方米。

续表

时间段	国家重大政策	主要影响
21 世纪 10 年代	《中国制造 2025》制造强国战略；“一带一路”区域发展倡议；节能减排标准的提升①	工程机械行业向高端化、智能化、绿色化和国际化方向发展：三一重工成为国家首批智能制造试点示范企业；中联重科、三一重工、山河智能等龙头企业纷纷在“一带一路”沿线布局，进一步开拓国际市场；大量高排放设备面临淘汰，新产品研发和生产需按照新环保要求，湖南缺乏绿色制造技术规范、标准、法规体系，制造水平较低，新规的出台将给湖南工程机械产业带来较大压力，但同时也有利于加快工程机械产品向绿色制造、节能环保方向发展

特别是 2008 年国际金融危机对全球实体产业造成重大影响时，国家推出的扩大内需、促进经济平稳较快增长的刺激计划，有力地帮助中国工程机械行业渡过了危机，甚至在 2008—2011 年工程机械行业爆发式增长，长株潭工程机械产业集群也得益于此，在此阶段进入最高速发展阶段。但这一大规模刺激计划也造成整个行业的产能过剩，以致自 2012 年起，工程机械行业开始走下坡路。在经历了几年市场低迷后，随着《中国制造 2025》制造强国战略和“一带一路”区域发展倡议的实施，为工程机械行业的发展提供了新的机遇。制造强国战略要求发展高端工程机械产品，为推动工程机械企业设计、制造、工艺、管理等各方面迈上新台阶提供了发展良机。“一带一路”沿线国家的基础设施建设、能源开发等，以及亚投行和丝路基金的设立提供的资金融通支持，为国内工程机械设备跨国和行业成长带来新机遇，促使中联重科、三一重工等龙头企业拓展“一带一路”沿线市场。可见，宏观经济政策在帮助产业集群抵御重大危机、刺激产业集群转型等方面发挥了重要作用。

5.5.2　政策干预与产业集群形成和布局

对长株潭工程机械产业集群制度维度的分析可见，湖南省各级政府的直接政策干预有力地促进了该集群的快速形成与发展。地方政府的相关政策举措在关键性企业出现并且崭露头角时开始跟上。对产业集群制度维度的分析可见，自湖南

① 2016 年 1 月 15 日，环保部发布《关于实施国家第三阶段非道路移动机械用柴油机排气污染物排放标准的公告》，这意味着工程机械开始全面进入“国Ⅲ”阶段，而非道路移动机械国Ⅳ排放标准在 2020 年左右也开始实施。据中国工程机械工业协会统计显示，我国工程机械行业市场保有量在 700 多万台，而当前的存量非道路设备依旧以国Ⅱ标准设备为主，国Ⅱ以下绝对量仍较大，节能减排标准的提升意味着大量高排放设备面临淘汰。

省“九五”计划(1996—2000年)首次明确将工程机械列为湖南省择优扶持的重点行业之一起,之后20多年来,湖南省各级地方政府出台了一系列有利于工程机械产业发展或工程机械集群培育的政策和保障措施。特别是2007年9月出台了有关工程机械产业的专项政策,强化该产业发展的政策支持,这在国内比较少见。在工程机械市场低迷的情况下,湖南省又颁布了关于工程机械产业发展的专项行动计划和规划,指出要将长株潭工程机械产业集群打造成世界级产业集群,明确了未来工程机械产业发展的目标、重点、产业布局、主要任务和政策措施等。近几年在国家制造强国战略实施背景下,湖南省提出要进一步做大做强工程机械产业,特别要在建链、强链、补链上下功夫。这些政策有力地支持了长株潭工程机械产业的快速形成与发展。

此外,政府主导的开发区建设和产业向园区集中的政策导向,为长株潭工程机械产业集群的形成和发展提供了良好的发展环境和平台。在我国,政府引导的产业集群主要以开发区的规划和建设来体现。由于中国政府长期主导开发区的建设,注重在规划区域内培育产业集群,开发区与产业集群往往会出现地理位置和经济上的重叠[139],开发区建设形成政策高地吸引制造业企业集聚[119],政府通过设立开发区对土地进行开发、利用与管理是促成企业在某些区域集中布局的关键原因[191],因此,多年来湖南省各级政府始终把产业园区作为促进产业集群发展的重要平台,先后出台了相关政策文件与指导措施促进产业向园区集聚发展。产业向园区集中导致长株潭工程机械产业集群形成了以产业园区为载体,以长沙经开区、长沙高新区、湘潭经开区等园区为核心,以宁乡经开区、宁乡高新区、浏阳高新区以及长沙金霞经济开发区等园区为次核心的空间格局。

5.6 本章小结

在本章中,我们分析了长株潭工程机械产业集群的形成机制(见图5-2)。总的来看,该产业集群是在具备一定产业发展基础的前提下,通过偶然因素触发,之后在衍生机制、集聚效应、政策干预以及核心企业推动等多种机制相互作用下形成和发展的。

(1)湖南机械工业发展历史悠久,积累了资源、能力、技能和经验等,不仅直接培育了一些生产工程机械的企业,而且培养了一批创业型企业家和技术工人,为后来长株潭地区工程机械产业的崛起奠定了产业基础。同时,湖南机械行业多样化的产业结构增强了长株潭工程机械产业集群抵御风险的能力。然而,地方产业发展基础只提供了一个发展潜力,20世纪60年代浦沅和一机部建机所的内迁,后来又搬迁至长沙,成为触发长株潭地区进入工程机械产业领域的偶然事件,至此长株潭地区发展工程机械产业的“区位机会窗口”被打开。企业衍生是促进企业数量增

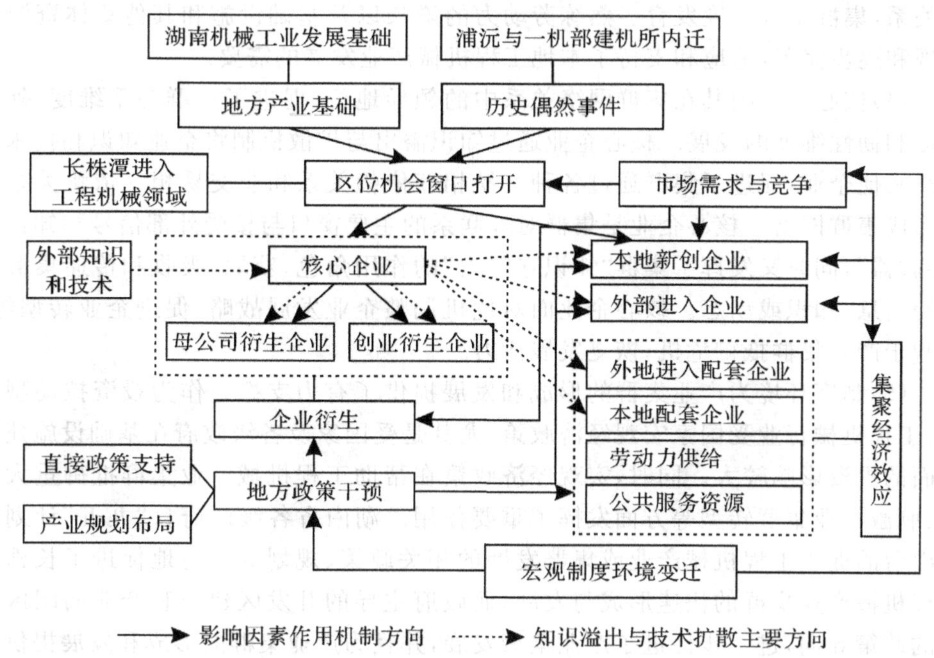

图 5-2　长株潭工程机械产业集群形成机制

长从而促使产业集群形成的关键机制。长株潭工程机械产业的企业衍生方式主要是核心企业创办子公司或分公司的母公司衍生型，以及有在这些核心企业工作经验的人员离开原企业创办新企业的创业衍生型等。通过衍生过程，集聚的企业数量增多，衍生企业又进一步衍生出其他新企业，企业数量形成“滚雪球”式的增长，母公司的知识、技术、经验等也通过衍生过程传递给了衍生企业，产业集群的水平维度得以发展。

(2)市场需求刺激是产业及其相关企业维持并且壮大的持续动力。长株潭工程机械产业集群的发展历程基本与国内工程机械市场变动一致，在 20 世纪 90 年代初国内工程机械的繁荣阶段逐渐起步，在进入 21 世纪国内工程机械市场蓬勃发展、需求不断扩张的时期高速发展。而且，市场需求与企业规模经济、范围经济及产业规模经济相互强化、循环累积，推动长株潭工程机械产业集群规模的发展壮大。同时，市场竞争又促使产业集群竞争力提升及国际化发展。跨国公司进驻国内市场所带来的竞争压力，迫使中联重科、三一重工等核心企业一方面提高自身核心竞争力，另一方面加速拓展国际市场。

(3)随着空间集聚的企业数量增加，集聚效应开始显现，零部件供应商和服务商等相关企业开始在生产企业特别是核心企业周边集聚，本地供应进一步专业化，主机生产企业与供应商、合作伙伴等之间发生大量交易，形成正式的交易性相互依赖关系，集群垂直维度发育。熟练劳动力的增长以及基础设施和其他集体资源的出现和逐步完善，适应和支持了本地工程机械产业发展的需要。

(4)核心企业因其在集群网络关系中的领导地位，促进了集群关系维度、外部维度和韧性维度的发展。核心企业通过知识溢出与扩散机制将企业知识和技术传播给其他企业，促进了集群通过各种交易相互依赖关系和非交易相互依赖关系从而形成集群网络。核心企业是集群对外联系的主要窗口与接受外部信号和知识的"接收器"，同时又发挥了集群"知识守门人"的作用角色，获取、吸收和传递集群外部的信息、知识或动态。核心企业面对危机调整企业发展战略、促进企业转型等，有利于产业集群抵御危机，恢复发展活力。

(5)制度环境为产业集群的形成和发展提供了有力支撑。作为投资拉动型行业，工程机械行业受国家宏观经济政策，尤其是受国家及各级政府在基础设施建设方面的投资影响较大。同时，宏观经济政策在帮助工程机械产业集群抵御重大危机、刺激产业集群转型等方面发挥了重要作用。湖南省各级政府自"九五"计划以来出台的促进工程机械产业或集群发展的相关政策、规划等有力地促进了长株潭工程机械产业集群的快速形成与发展，而政府主导的开发区建设和产业向园区集中的政策导向，进一步促进了产业集聚发展，并且为产业集群的形成和发展提供了良好的发展环境和平台。

以上影响因子及作用机制并非彼此独立，而是相互影响，相互作用，共同促成了长株潭工程机械产业集群的形成与发展。随着地方产业发展的区位机会窗口打开，在市场需求刺激下，地方产业尤其是产业中的核心企业快速成长，吸引更多相关企业及配套企业进入行业，并加快企业衍生过程，企业集聚逐步扩大，集聚经济效益显现。同时，企业衍生、集聚经济和市场需求刺激又彼此强化。企业衍生是集群增长的引擎。市场增长创造了其他企业进入的机会，增加的市场机会增强了企业衍生的培育环境，并且打开了企业间劳动力流动的可能性，产生了各企业员工间的社会网络。企业衍生使企业集聚规模扩大，强化了集聚经济效应，反过来又进一步提高衍生过程效率，如此循环累积促进集群不断壮大。工程机械行业的市场需求又受到宏观制度环境的影响。地方政策也受到宏观制度环境影响，通过地方政策干预，又进一步影响集群发展壮大和集聚效应的发挥。

本章对产业集群形成机制的分析，不同于已有产业集群研究的静态性和截面视角，以及已有研究多采用单一机制解释复杂集群现象的研究思路，而是基于时间动态和综合性视角，揭示了案例集群形成的综合机制，包含路径依赖、集聚经济、市场机制、权力关系和制度等，并且揭示了不同机制在产业集群不同发展阶段的作用力差异。

第6章

长株潭工程机械产业集群优化发展的对策

产业集群是拉动国家或区域经济增长的重要载体[192]。当前全球化竞争加剧，新一代信息技术飞速发展，刺激产业集群升级或将使其消亡[193]。党的十九大报告指出，要培育若干世界级先进制造业集群。世界级产业集群具有显著的规模效应，拥有较为完整的产业链、供应链和服务链，具备引领全球的原始创新能力，具有广泛且纵深的区域协同效应，还有能够深度融入全球价值链的开放性[192,194]。从全球工程机械行业的发展趋势来看，未来的工程机械产品将更趋于智能化、网络化、绿色化和节能化，这也对个体工程机械企业的转型升级提出了挑战。长株潭工程机械产业集群是湖南省重点发展的产业集群之一，并以培育世界级产业集群为目标。

通过前文对长株潭工程机械产业集群的发展历程、多维度与形成机制的分析发现，长株潭工程机械产业集群发育还不成熟，全球影响力和国际竞争力还不强，主要存在的问题包括：

(1)产业集群垂直维度很不发达，产业链不完善，产业配套能力不足，尤其是关键核心零部件配套能力严重不足，生产性服务业发展滞后。

(2)在产业集群外部维度，集群企业没有建立广泛的外部联系。核心企业建立外部联系又以集群“知识守门人”的身份将知识和技术通过有限的渠道传递给其他企业。中小企业在外部联系尤其是全球联系中的参与度较弱。

(3)在集群内部权力关系中，核心企业占据绝对主导地位，中小企业对核心企业依赖度太高，导致中小企业自主创新能力弱，发展被动，难以适应市场需求变化，企业转型困难，抵御市场、环境等变化冲击的能力较弱。

(4)在产业集群的制度维度，政府对产业集群的区域分工定位还不够明确。从整个区域产业链发展来看，各地或各园区具体以哪些产业链环节为发展重点，如何协调区域分工，如何实现整合和互补，在政府相关规划计划中均没有明确。虽然湖南省以培育世界级的工程机械产业集群为目标，但在促进产业集群原始创新和关键技术突破等方面的相关政策支持、公共服务平台建设等还需要进一步改进和完善。

长株潭工程机械产业集群未来的发展，必须集聚规模更大、产业链更完善、原始创新能力更强、对外更加开放，而且要有跨区域布局和深层次协同机制，才能成长为世界级产业集群。为将长株潭工程机械产业培育成为具有世界顶尖竞争力和影响力的产业集群，针对当前其发展存在的问题，本研究初步认为应该从产业集群发展的顶层设计、产业配套能力提升、产业集群内外合作网络建设、产业集群整体创新能力提升，以及完善产业集群发展的制度环境等方面制定相应方案和措施。

6.1 增强顶层设计，优化产业布局

1. 系统性谋划产业集群发展路径

一是要加强系统性的整体谋划和顶层设计，设计长株潭工程机械产业集群的国际发展路径与国际营销策略。紧跟国家产业政策和国内外市场需求，寻求产业集群发展新路径。抓住转型发展机遇，引导企业加快产品升级换代，优化产品结构，强化集群面对下次冲击时的应对能力。在强化现有优势主机产品生产基础上，瞄准巨大市场潜力的新兴领域，开发高端化、智能化、个性化、绿色化的高端产品和新产品，形成新的发展路径。二是在产业集群政策制定过程中，明确政府制定主体地位，同时要发挥产业集群内企业、协会等各方主体的参与作用。打破政府主导的产业发展模式，构建由政府、企业和专家等多方参与的产业集群协同治理发展模式。充分发挥政府的桥梁作用，形成强大的凝聚力，协助构建产业集群内外合作网络。在尊重产业发展基本规律基础上，对产业集群进行前瞻性规划，确保一定政策储备。三是制定产业集群政策评价制度，追踪评估产业集群政策实施效果，根据评估结果及时对产业集群政策或计划进行调整，保障产业集群发展的稳定性。

2. 优化产业空间布局，形成区域发展合力

一是长株潭城市群各地市要统筹谋划，深化各地市在工程机械产业集群的规划、政策、市场和服务等各方面的协同，共同制定产业集群发展目标、空间布局和各地市产业发展重点，形成区域发展合力。科学规划产业布局，突破行政界限限制和体制机制障碍，共同清理阻碍要素合理流动的地方性政策法规，促进劳动力、技术和资本等要素在三市间的自由流动和优化配置，形成地区间互相衔接、统筹安排的产业发展协调机制。加强区域分工与协作，必须从全局角度，考虑各地市、区县的产业发展基础、地方特色和优势，明确各地区在产业链上的主要着力点，形成地区间分工合理、优势互补、协调发展的产业集群发展格局，避免重复建设和同质化竞争。以产业集群发展为目标，积极推动长株潭三市之间开展园区共建、飞地经济、异地孵化等合作模式，探索跨地市的开发管理机制和利益分配机制。积极推动三市共建工程机械产业集群开放合作平台，以一批重点科技创新工程和项目为载体，共享三市资源要素，推动三市产业协调发展的深化和细化。二是在各市产业集群分工明确的基础上，积极发挥好开发区的重要平台作用，以开发区作为各市工程机械产业发展的重要政策高地和集聚高地。以现有工程机械产业布局的园区为重点，发挥地方比较优势，在各园区间进行全产业链的规划和布局，比如长沙经开区和长沙高新区以主机生产为主，积极推动开发区之间基于产业链、创新链、价值链的合作，实现资源跨园区的整合和优化配置，提升长株潭工程机械产业集群的整体竞争力。

6.2　提升本地配套能力，促进集群垂直维度发展

1. 培育本地零部件配套企业

依托行业龙头整合发展本地配套企业，鼓励三一重工、中联重科等龙头骨干企业将省内竞争力不强的整机企业、零配件生产企业吸收消化，成立零配件生产企业，用于本地配套。积极支持本地零部件配套企业，通过技术支持、资金支持和管理支持等方式为本地零部件配套企业快速发展提供良好的条件，促进本地零部件配套企业规模化、专业化和集约化发展，培育一批全国知名的工程机械关键零部件及配套产品生产企业。

2. 引进关键零部件配套企业

通过积极主动开展招商引资等活动，引进国内外知名关键零部件生产厂商入驻。重点引进发动机、高端液压件等关键零部件企业，同时通过这些先进企业的溢出和带动效应，带动本地配套企业发展，提升本地配套能力。

3. 推动生产性服务业专业化、高端化

着力提高市场咨询、科技咨询、法律服务、知识产权保护、工程机械媒体等生产性服务业的服务质量和效率，做好生产性物流、租赁维修、金融保险工作。促进长株潭工程机械生产性服务业的专业化，扩大对外开放力度，推进生产性服务业向全球价值链高端延伸，培育具有国际或国内影响力的本土生产性服务业企业，提升生产性服务业对长株潭工程机械产业集群转型升级的支撑能力。

6.3　建立广泛的内外部合作网络，整合集群内外部资源

1. 建设产业集群内部网络

通过制度安排、经费支持等政策支持，引导创建由政府、企业、大学、研究机构和非营利机构等主体联合组建的集群组织，并制定能够确保其有效行使职能的相关政策。同时，应加强对欧盟等发达国家先进经验的学习。充分发挥集群组织的联动功能，推动政府、企业（特别是中小型企业）、大学、研究部门及相关支持机构等主体相互协作、互相配合，形成优势互补、互惠互利的良好网络运作局面，激发各主体的创新能力与集群发展活力。

2. 建设产业集群国际协作网络

对标世界一流产业集群，推进产业集群国际协作网络建设，打造具有世界影响力和竞争力的产业集群。一方面，加快引进国际知名企业、研发机构或团队；另一方面，开展长株潭工程机械产业集群与不同国家集群组织的合作、跨国研究和创新项目、跨国产学研协作、寻找国外合作伙伴、促进出口等国际活动。鼓励核心企业对标世界一流品牌，瞄准国际前沿知识和技术，通过战略联盟、海外并购、生产和研发异地化、研发合作、人才引进等方式进一步扩大与集群外的联系，整合全球资源，扩大企业自主创新能力和企业品牌国际影响力，引领产业集群嵌入全球生产网络中。支持产业集群内的中小企业实施国际化战略，在全球寻找适合自己的合作伙伴，生产具有全球竞争力的产品。

6.4　建立创新协调机制，提高产业集群整体创新能力

1. 建立产业集群创新联盟或协同创新平台

在产业集群组织指导下，整合产业集群内主机、原材料和零部件生产核心企业等上下游创新资源、省内著名高校和科研院所，以及各类国家级和省级创新平台等各类创新资源，建立湖南省工程机械创新战略联盟或产学研协同创新平台，共同推动工程机械基础共性技术取得重大原始创新突破，开展高端工程机械和核心零部件技术和产品研发，破解关键和核心技术难题，解决关键零部件受制于国外进口的瓶颈，提升产业集群原始创新能力，拓展全球工程机械高端市场。同时，加快推动云计算、大数据、物联网、人工智能等技术在长株潭工程机械领域的广泛应用，提高长株潭工程机械装备的网络化、智能化水平。

2. 建立大中小企业技术创新分工协作机制

重视集群技术创新垂直扩散能力的培育与创新过程的整合，充分发挥核心企业的带动作用，促进大企业更多聚焦于基础性技术和原创性技术研发，促使中小企业在核心企业技术扩散和市场倒逼机制共同作用下，加快应用技术和改良技术研发，形成核心企业和中小企业技术创新分工协作格局，提升集群发展活力。同时，激励核心企业或创新型企业不断孵化或衍生新企业，以延续集群生命力。

6.5　加强政策支持，完善产业集群发展环境

进一步完善产业集群制度环境建设，全面优化企业生产经营环境，提升政府公共服务水平。

1. 建立公平有序的市场环境

维护公平竞争的市场秩序，鼓励企业理性竞争，打击低首付、零首付等以恶性竞争为目的扰乱市场秩序的企业行为。同时，整治二手工程机械产品交易市场乱象，规范二手工程机械设备和再制造设备流通。

2. 完善金融扶持政策

进一步完善金融扶持政策，把企业研发投入比例等作为享受信贷优惠政策的考量指标。鼓励金融机构创新金融产品和服务，确保重点企业资金需求，优先给予工程机械产业的原始创新、关键技术突破和技术改造等领域的信贷支持。加大对中小企业融资政策支持，在资金、技术扶持等方面出台更有利于研发型和技术创新型中小企业的相关金融扶持政策，为中小企业的创新创业提供良好的投资和经营环境，要想方设法帮助中小企业解决生存发展过程中面临的各种资金问题，帮助中小企业转型升级。

3. 建立完善各类服务信息平台

政府搭建公共服务信息平台，帮助产业集群内的企业、研发机构和服务机构等及时了解相关政策、国内外市场、行业技术创新、管理服务创新、人才培训等信息，协调集群内外各种创新资源和要素的互动。而且，通过公共服务信息平台，增强集群内知识溢出和技术扩散的速度、广度和深度，提升集群创新能力。同时，建立危机预警机制。政府需要帮助企业更快辨识出危机，并且尽快做出防卫措施。除了企业自身的商业信息流通外，政府能做的就是让这些信息能够快速传达给企业，比如针对工程机械行业的国内外市场分析以及风险、预警和应对机制分析，在有类似危机特征先兆时及时向企业、行业协会给出警告，并及早做出政策上的应对措施，以减少危机的冲击影响并确保危机后尽快恢复。另外，指导产业集群建立各类专业服务平台。比如，能够提供大型科学仪器共享、科技文献、专利、科技成果转化、研发人才等信息的科技信息服务平台，能够为中小企业提供法律事务、技术援助、融资、管理咨询等服务信息的中小企业服务平台等。

4. **加强人才培养与储备工作**

一是要完善人才培育机制。搭建企业院校协同育人平台，发挥企业、院校办学双主体作用，推动工程机械龙头企业与省内重点高等院校开展联合培养一线技术人才工作，开展校企联合培养、招生即招工、入校即入厂的现代学徒制试点工作。二是政府制订高层次人才支持计划，吸引海内外工程机械行业高端人才，引进一批行业领军人才和创新团队，尤其是工程机械产业链关键环节的人才群或人才队伍，将长株潭打造为国内工程机械人才创新创业的首选地。三是完善创新人才激励机制和评价机制，建立合理的人才流出约束机制，避免恶性“挖人”，维护人才队伍稳定。

第 7 章

结论与展望

7.1　主要结论

(1)长株潭工程机械产业集群规模基本经历了从缓慢增长、快速增长、波动发展的变化过程，在空间上形成了多核集聚的空间形态，经过萌芽、初步发展、快速成长、转型调整四个发展阶段，判断其经历了起步期、成长期和转型期三个生命周期阶段。

长株潭工程机械产业集群规模经历了缓慢增长、快速增长到波动发展的变化过程。20世纪90年代，整个产业规模还比较小，2000年仅有规模以上企业18家，从业人数仅13965人，主营业务收入18.3亿元。快速增长阶段为2001年至2011年，2011年规模以上企业数量迅速增长到107家，从业人数达到189001人，主营业务收入首次突破千亿元大关，达到2400.7亿元。波动发展阶段为2012年前后至2018年，规模以上企业数量和收入先减少，随着市场复苏，核心企业在近几年的主营业务收入又恢复增长。

长株潭工程机械产业集群逐渐形成了多核集聚的空间形态。从县级尺度分析发现，长株潭工程机械行业规模以上企业的空间分布比较集中，大多数企业尤其是规模较大企业主要集中在长沙市的长沙县、岳麓区以及湘潭市的雨湖区，长沙市的开福区、宁乡市、浏阳市等也集中了较多但规模相对小的企业。基于乡镇尺度的分析发现，该产业集群逐步形成了以长沙市长沙县的星沙—榔梨、岳麓区的银盆岭为主核心，以长沙市开福区沙坪、湘潭市雨湖区主城区、宁乡市东北部地区、浏阳市永安镇为次核心的多核结构。上述空间分布结构基本与以工程机械为产业重点的产业园区分布一致，产业园区已成为长株潭工程机械产业集群发展的重要空间载体。

对长株潭工程机械产业集群发展历程的分析发现，该集群发展历程与集群规模变化吻合，大致可以分为四个阶段。该集群起源于20世纪60年代的偶然事件；20世纪90年代，浦沅向长沙的战略转移以及中联重科、三一重工、山河智能等几家先驱企业的成立，标志着该产业开始发展起来；2001—2011年，在全国整个行业发展高峰期进入快速成长阶段，核心企业快速成长、自主研发能力不断增强、对外扩张加速，集聚规模快速扩大，产业集群逐渐形成；2012年以后，在整个行业不景气的背景下，该集群进入转型调整时期，核心企业谋求转型和海外市场拓展，随着行业市场好转，该集群又恢复增长趋势。

根据产业集群各发展阶段的特征，基于产业集群生命周期理论，判断该产业集群经历了起步期、成长期和转型期三个生命周期阶段。由于当前行业发展趋势对产品和技术的要求，以及产业集群自身发展的不足，导致该集群目前及将来一段时间仍将处于转型期。

(2)基于产业集群“六维”框架的分析发现，长株潭工程机械产业集群还不能被视为一个发育成熟的产业集群，某些维度还处于培育阶段。

在水平维度上，规模以上主机生产企业数量呈现长期增长后小幅下降趋势。主机生产企业在空间上呈现集聚分布模式，且空间范围不断扩展，但总体地域分异格局较稳定，主要集聚分布在长沙市的长沙县和岳麓区，而在长沙市其他个别区县和湘潭市、株洲市部分地区形成了低密度分布区。对主机生产企业生成类型的分析证明，本地新创企业和衍生企业是集群企业生成的主要类型，以上企业创立方式特别有助于集群水平维度的增长。主机生产企业尤其是龙头企业间竞争激烈，但激烈竞争一定程度上促进了集群创新水平的提高，加速了整个集群发展。

在垂直维度上，核心企业的本地供应商在空间上呈现出显著的集聚分布模式，且绝大部分供应商集聚分布在长沙市范围内，如长沙县、天心区、开福区等地，构成了一个较高密度的集聚区。湘潭和株洲极少有分布，密度值相对很低。总体看，本地零部件配套能力弱，生产性服务业发展滞后，产业链不完善，垂直维度不发达。在以几个核心企业为龙头、众多中小企业配套的长株潭工程机械产业集群中，集群内合作关系主要表现为主机企业和配套企业间的垂直协作关系。

在制度维度上，地方政府在促进产业集群形成和发展方面发挥了直接的作用。虽然没有预先存在的政策计划来建立这样一个集群，但当这一产业开始出现，持续的政策支持与有效的制度安排贯穿了长株潭工程机械产业集群发展的全过程。培育工程机械产业集群一直是地方政府的政策重点，技术和核心企业是政策主要着力点，且对重点企业、重点园区、大型成套设备、配套产业和关键技术难题等一直给予重点支持。近几年，政策更趋具体化。但是，也存在制度不完善的地方，比如，政策倾向支持核心企业，对中小企业支持力度弱，在知识产权保护、人才引进等方面的支持力度不够，在物流配送和公共服务平台建设等方面还不完善。虽然产业园区是长株潭工程机械产业集群发展的重要载体，但政府目前对产业链建设的空间布局和园区或区域的具体分工还不够明确。

在外部维度上，外部市场导向性和跨地域联系是长株潭工程机械产业集群发展的重要特征。首先，市场需求是推动长株潭工程机械产业集群形成和发展的最根本动力。该产业集群的演化过程基本与国内工程机械市场需求的变化一致，说明其受国内市场需求影响最大。其次，通过对核心企业的省外供应商分析发现，省外供应商空间分布不均衡，主要分布在长三角和环渤海地区，说明长株潭工程机械产业集群形成了基于供应链的跨地域生产联系。最后，通过核心企业在全球范围内的资源整合与市场开拓分析发现，长株潭工程机械产业集群与集群外部单位建立了研发合作、战略联盟等各种跨地域联系。

在权力关系维度上，在长株潭工程机械产业集群企业间存在明显的权力不对称关系。核心企业处于集群网络中心位置，并且已经嵌入全球价值链附加值较高的环节，在集群中具有绝对技术优势并占据交易主动权，是集群知识和技术转移与扩散的源头。其余大多数企业,尤其是中小企业处于集群网络外围,附加值较低,在集群中处于被动局面,易于被挤出集群,或者由于对核心企业的盲目信任而隐藏生存危机。

在韧性维度上,长株潭工程机械产业集群的韧性大致呈现出波动变化到总体增长的变化趋势,韧性综合评价值从1998年的0.05增长到2017年的0.74。1998—2004年,由于集群抵抗力和恢复力偏低,导致集群韧性不高;2005—2017年,集群抵抗力与恢复力都有所增强,尤其是集群规模和创新能力显著提升,导致集群韧性提高。尽管2017年因行业刚刚复苏,产业集群增速下降趋势未扭转,但随着整个行业情况好转,产业集群韧性未来将持增长态势。

(3)对长株潭工程机械产业集群形成机制的分析发现,该产业集群是在具备一定产业发展基础的前提下,通过偶然因素触发、衍生机制、集聚效应、政策干预以及核心企业推动等多种机制相互作用下形成和发展的。

第一,地方产业发展基础提供了产业发展潜力。湖南机械工业发展历史悠久,积累了资源、能力、技能和经验等,不仅直接培育了一些生产工程机械的企业,而且培养了一批创业型企业家和技术工人,为后来长株潭地区工程机械产业的崛起奠定了产业基础。同时,湖南机械行业多样化的产业结构增强了产业集群抵御风险的能力。然而,地方产业发展基础只提供了一个发展潜力,20世纪60年代浦沅和一机部建机所内迁,后来又搬迁至长沙,成为触发长株潭地区进入工程机械产业领域的偶然事件,至此长株潭发展工程机械产业的"区位机会窗口"被打开。企业衍生是促进企业数量增长从而促使产业集群形成的关键机制。长株潭工程机械产业的企业衍生方式主要是中联重科、三一重工等核心企业创办子公司或分公司的母公司衍生型,以及有在这些核心企业工作经验的人员离开原企业创办新企业的创业衍生型等。通过衍生过程,集聚的企业数量增多,衍生企业又进一步衍生出其他新企业,企业数量形成"滚雪球"式的增长,并且母公司的知识、技术、经验等也通过衍生过程传递给了衍生企业,产业集群的水平维度得以发展。

第二,市场需求刺激是产业及其相关企业维持并且壮大的持续动力。长株潭工程机械产业集群的整个发展历程基本与国内工程机械市场变动一致,该集群在20世纪90年代初国内工程机械市场繁荣阶段逐渐起步,在进入21世纪国内工程机械市场蓬勃发展、需求不断扩张的时期高速发展。同时,市场竞争又促使集群核心企业逐步走向国际化。

第三,随着空间集聚的企业数量增加,集聚效应开始显现,零部件供应商和服务商等相关企业开始在生产企业特别是核心企业周边集聚,本地供应进一步专业化,主机生产企业与供应商、合作伙伴等之间发生大量交易,形成正式的交易性相互依赖关系,集群垂直维度发育。熟练劳动力的增长以及基础设施和其他集体资源的出现和逐步完善,适应和支持了本地工程机械产业发展的需要。

第四,核心企业因其在集群网络关系中的领导地位,促进了集群关系、外部和韧性维度的发展。核心企业通过知识溢出与扩散机制将企业知识和技术传播给其他企业,促进了集群通过各种交易相互依赖关系和非交易相互依赖关系从而形成集群网络。核心企业是集群对外联系的主要窗口与接受外部信号和知识的“接收器”,同时又发挥了集群“知识守门人”的作用角色,获取、吸收和传递集群外部的信息、知识或动态。核心企业面对危机及时调整企业发展战略、促进企业转型等,有利于产业集群抵御危机,恢复发展活力。

第五,制度环境为产业集群的形成和发展提供了有力支撑。作为投资拉动型行业,工程机械行业受国家宏观经济政策,尤其是受国家及各级政府在基础设施建设方面的投资影响较大。同时,宏观经济政策在帮助工程机械产业集群抵御重大危机、刺激产业集群转型等方面发挥了重要作用。地方政府在促进产业集群形成和发展中发挥了更直接的作用,湖南省各级政府自“九五”计划以来出台的促进工程机械产业或集群发展的相关政策、规划等有力地促进了长株潭工程机械产业集群的快速形成与发展,而政府主导的开发区建设和产业向园区集中的政策导向,进一步促进了产业集聚发展,并且为长株潭工程机械产业集群的形成和发展提供了良好的发展环境和平台。

以上影响因子及作用机制并非彼此独立,而是相互影响,相互作用,共同促成了长株潭工程机械产业集群的形成与发展。随着地方产业发展的区位机会窗口打开,在市场需求刺激下,地方产业尤其是核心企业快速成长,吸引更多相关企业及配套企业进入行业,并加快企业衍生过程,企业集聚逐步扩大,集聚经济效益显现。同时,企业衍生、集聚经济和市场需求刺激又彼此强化。企业衍生是集群增长的引擎。市场增长创造了其他企业进入的机会,增加的市场机会增强了企业衍生的培育环境,并且打开了企业间劳动力流动的可能性,产生了各企业员工间的社会网络。企业衍生使企业集聚规模扩大,强化了集聚经济效应,反过来又进一步提高衍生过程效率,如此循环累积促进集群不断壮大。地方政策干预提供了有利于产业集群发展的制度环境,影响集群发展壮大和集聚效应的发挥。市场需求和地方政策干预又都受到宏观制度环境的影响。

(4)针对长株潭工程机械产业集群存在的垂直维度不发达,集群企业没有建立广泛的外部联系,中小企业自主创新能力弱,产业集群制度环境有待进一步完善等问题,本研究提出以下建议:增强顶层设计,优化产业布局;提升本地配套能力,促进集群垂直维度发展;建立广泛的内外部合作网络,整合集群内外部资源;建立创新协调机制,提高产业集群整体创新能力;加强政策支持,完善产业集群发展环境,以期将长株潭工程机械产业集群培育为世界级产业集群。

7.2 主要创新点

本研究的主要创新点如下：

(1)本研究在著名经济地理学家哈罗德·巴泽尔所提出的多维集群分析框架中新加入了韧性维度，构建了产业集群的“六维”分析框架，然后以该框架为基础，深入分析了长株潭工程机械产业集群的水平、垂直、制度、外部、权力关系和韧性等六个维度的特征。以此，本研究实现了对现有产业集群分析框架的理论补充，同时弥补了以往研究成果缺少对集群韧性定量分析的不足。

(2)本研究揭示了长株潭工程机械产业集群形成的综合机制，包含路径依赖、集聚经济、市场机制、权力关系和制度等，并且揭示了不同机制在产业集群不同发展阶段的作用力差异。以此，本研究弥补了已有研究成果利用单一机制解释产业集群形成时不充分的缺陷，也揭示了不同机制的影响机理。

(3)国外已有研究极少分析工程机械产业集群，国内学者研究工程机械产业集群也比较少，尤其对工程机械产业集群的演化过程、多维特征和形成机制的研究比较少，本研究对长株潭工程机械产业集群的研究在一定程度上填补了以往对工程机械产业集群研究的不足。

7.3 讨论与展望

本研究在经济地理学家哈罗德·巴泽尔提出的多维集群分析框架的基础上进行补充，构建了产业集群分析的“六维”框架。利用该分析框架，本研究对长株潭工程机械产业集群的企业集聚、产业配套、制度环境、集群内外联系、集群中的权力关系、集群韧性等六个方面进行了细致分析。特别关注了以往研究中容易被忽视但对集群发展至关重要的集群韧性问题，研究视角更全面，在此框架下的案例分析也更深入。同时，在当前对产业集群韧性研究偏少，缺少产业集群韧性定量评价方法的情况下，本研究综合考虑能够代表产业集群韧性的关键因素，尝试构建了集群韧性的评价指标体系。另外，本研究对产业集群形成机制的分析，不同于已有产业集群研究的静态性和截面视角，以及已有研究多采用单一机制解释复杂集群现象的研究思路，而是基于时间动态和综合性视角，揭示了案例集群形成的综合机制，包含路径依赖、集聚经济、市场机制、权力关系和制度等，并且揭示了不同机制在产业集群不同发展阶段的作用力差异。

由于产业集群的六个维度涉及集群的多个方面并且彼此之间很可能存在着复杂的相互作用关系，因此，笔者在利用此框架分析长株潭工程机械产业集群时面临着较大难度和挑战。一方面，在企业样本选择和数据获取方面，笔者实地走访了大量企业，但由于不少企业配合度不高，调查和访谈难以进行，导致本研究实际能调查到的企业数量偏少，主要获得的调查对象也以大企业为主，中小企业及配套企业为辅，所以本研究的结果对中小企业的信息体现得不够。另一方面，本研究对各个维度之间的相互作用关系的理论总结还不够，比如，哪些维度之间存在着耦合关系？哪些维度协同影响着韧性维度？这些均是未来需要进一步研究的问题。

本研究与已有研究结果和其他产业集群比较也有新的发现。首先，与很多实证研究所强调的产业集群水平维度因企业间密集的合作互动关系而形成联系紧密的网络关系不同，本研究案例水平维度企业间并不存在明显的互动合作，相反，企业间竞争激烈，且这种竞争一定程度上也刺激了集群发展。其次，在与国内同类型产业集群比较后发现，与徐州工程机械产业集群等产业链比较完整的集群相比，本研究的案例集群产业链不完善，尤其是零部件配套能力不足，生产性服务业发展水平低，导致集群垂直维度很不发达，成为影响该集群整体竞争力的制约因素。最后，本研究案例集群产品的非在地性消费特征和弱家庭用户消费特征，决定了其比一般产业集群更易受整个国内市场的影响。

中国工程机械产业存在着明显的地理集聚的现象，那么不同地区工程机械产业集群形成和发展机理的异同便是值得探讨的问题。因此，除了本研究与徐州工程机械产业集群的对比，未来需要在掌握更充足数据资料的基础上，进行更多的案例对比分析，开展中国其他地区工程机械产业集群时空演化特征和形成机制的研究，深入揭示工程机械产业集群发展的地方嵌入性特征，识别区位因子的差异规律，总结不同地区集群发展的阶段，探究全球性和地方性要素的耦合对工程机械产业集群演化的影响。

附　录

附录1　湖南省各级政府支持工程机械产业发展的相关政策和规划

规划或政策名称	出台时间	发布部门	相关要点
《湖南省国民经济和社会发展第九个五年计划》	1996年4月	湖南省政府	首次明确将工程机械列为湖南省择优扶持的重点行业之一
《湖南省国民经济和社会发展第十个五年计划》	2001年3月	湖南省政府	提出重点发展以工程机械等产业为主的先进制造技术产业，支持中联重科、三一重工等高科技企业发展
《长株潭产业一体化规划》	2002年	湖南省政府	将工程机械作为推进长株潭产业一体化快速发展的重点产业之一，重点支持发展工程起重机械、混凝土输送设备、道路工程机械、桩工机械等工程机械产业
《中共长沙市委长沙市人民政府关于加快优势产业集群和工业园区建设发展的若干意见》	2005年	长沙市委、市政府	明确发展工程机械等三大优势产业集群和工业园区建设的措施和政策，奖励、扶持龙头企业采购本地产品，本地中小企业为龙头企业配套，吸引市外配套企业落户长沙
《湖南省国民经济与社会发展第十一个五年规划》	2006年4月	湖南省政府	依托中联、三一、江麓、山河智能等企业，发展混凝土机械、路面机械、起重机械等产品，提高规模化、自动化水平
《湖南省人民政府关于大力培育发展产业集群的意见》	2007年1月	湖南省政府	提出培育工程机械产业集群

续表

规划或政策名称	出台时间	发布部门	相关要点
《中共湖南省委湖南省人民政府关于加速推进新型工业化进程的若干意见》	2007年2月	湖南省委、省政府	提出全省重点扶持工程机械等16类优势产业，着力培育50个产业集群。出台关于产业集群核心企业技术改造、中小企业配套、产业集群公共服务平台等项目建设的扶持政策，要求进一步做大做强中联重科、三一重工等产业集群核心企业。加快长株潭经济一体化进程，发挥三市工程机械等优势产业的互补性
《长沙市六大产业集群发展规划纲要》	2007年2月	长沙市委	提出要做大做强龙头企业，重点支持中联集团、三一集团和山河智能等核心企业。大力扶持中立工程机械等主要配套企业。加大政策扶持，强化组织领导。到2010年实现工程机械工业总产值500亿元，其中三一集团、中联集团过100亿元，山河智能过50亿元
《湖南省培育发展产业集群"十一五"规划》	2007年3月	湖南省经济委员会	明确了长沙高新区、长沙经开区、湘潭九华经济区三个工程机械产业重点集聚区域以及核心企业、主要企业和发展重点，打造以长沙、湘潭为核心的湖南工程机械产业集群
《湖南省人民政府关于鼓励和支持工程机械产业发展的意见》	2007年9月	湖南省政府	进一步明确工程机械产业发展思路和目标，要求加大工程机械核心企业扶持力度。重点支持年销售收入达10亿元以上的工程机械主机制造企业，鼓励工程机械关键零部件企业发展，依托核心企业，着力建设长沙、湘潭工程机械产业集群。强化工程机械产业发展的财政、税收、金融、土地、人才队伍建设等方面的政策支持
《湖南省鼓励汽车工程机械产业扩大省内配套奖励政策实办法（暂行）》	2008年	湖南省财政厅、经济委员会	鼓励工程机械主机企业省内配套，对年度新增本省配套零部件采购额不低于1000万元的工程机械生产企业（年度销售收入5亿元及以上），按年度新增本省配套零部件采购额的1%进行奖励

续表

规划或政策名称	出台时间	发布部门	相关要点
《关于加快工程机械、汽车制造等主导产业发展的若干意见》	2008 年	长沙县委和县政府、长沙经开区	推出了一系列针对工程机械合格汽车制造业发展的优惠政策，包括在项目用地、企业缴税、配套资金、配套奖励、研发奖励等方面提供优惠和支持
《湖南省加速推进新型工业化“四千工程”实施方案》	2009 年	湖南省委、省政府办公厅	提出要在 5 年左右的时间，将长沙工程机械产业打造为一个千亿集群，将中联重科、三一集团打造为千亿企业
《中共长沙市委长沙市人民政府关于推进服务体系建设，加快中小企业发展的若干政策意见》	2009 年	长沙市委、市政府	从扶持工程机械产业发展、做强做实工程机械配套体系出发，制定了一系列特殊优惠政策，包括建立配套产业园区，实施一站式服务窗口，设立配套专项奖励，实施首台套采购鼓励措施等
《湖南省鼓励汽车、工程机械产业扩大省内配套奖励政策实施办法》	2011 年	湖南省财政厅、经信委	就鼓励工程机械主机生产企业扩大省内配套和零部件企业改造提升配套水平的有关奖励政策制定了实施办法，对符合奖励条件的工程机械主机企业按不超过申报年度比上年度新增本省配套零部件采购额 1%进行奖励，对符合奖励条件的关键零部件生产企业给予定额奖励
《湘潭市工业经济发展第十二个五年规划》	2012 年 9 月	湘潭市政府	提出要实现在中高端工程机械装备方面的突破，重点发展混凝土机械装备、压实与路面机械装备、工程与建筑起重机械装备、消防救护公共装备等
《湖南省贯彻〈中国制造 2025〉建设制造强省五年行动计划(2016—2020 年)》	2015 年	湖南省政府	全面推进“1274”行动，加快发展工程机械等 12 大重点产业，着力打造工程机械等标志性产业集群。提出以长株潭为重点，以产品技术高端化和产业结构优化升级为主线，完善工程机械产业链配套能力，建设世界级工程机械产业集群。明确了今后的重点发展领域和核心技术攻关领域

续表

规划或政策名称	出台时间	发布部门	相关要点
《长沙智能制造三年（2015—2018年）行动计划》	2015 年	长沙市政府办公厅	三一集团、中联重科均入围首批智能制造试点示范项目
《湘潭市人民政府关于进一步规范招商引资政策的若干意见》	2015 年 8 月	湘潭市政府	明确了市内各园区、示范区产业招商主攻方向，其中湘潭经开区主攻方向之一是以工程机械和海工装备为主的先进装备及智能制造业
《湖南省工程机械产业发展五年行动计划（2016—2020 年）》	2016 年	湖南省经信委	将长株潭工程机械产业集群打造成世界级产业集群，建设长沙经开区、常德经开区等 2～3 个工程机械标志性产业基地，培育中联重科、三一重工、山河智能、铁建重工等骨干企业，重点发展适应世界市场需求的混凝土机械、起重机械、中大型液压挖掘机、多功能履带式消防车、矿用电动轮自卸车、大型桩工机械、土压平衡盾构机、混凝土喷射台车、全断面硬岩隧道掘进机等高技术、高附加值工程机械产品，培育 7～9个湖南标志性品牌产品
《湖南省工程机械产业“十三五”发展规划》	2016 年 12 月	湖南省经信委	提出要将长株潭工程机械产业集群打造成世界级产业集群，建设长沙经开区、常德经开区等 2～3 个工程机械标志性产业基地，培育中联重科、三一重工 2 家千亿企业集团及铁建重工等 3 家 100 亿企业，发展 2～3 家具有工程总承包能力和国际竞争能力的跨国企业。提高产业创新能力，培育 7～9 个湖南标志性品牌产品。发展重点是高端工程产品、关键技术和智能制造。提出形成以长沙工程机械产业集群为主体，湘潭、衡阳等地特色配套的产业布局，并从优化发展环境、完善金融扶持政策等各方面予以政策支持

续表

规划或政策名称	出台时间	发布部门	相关要点
《湖南工业新兴优势产业链行动计划》	2016年12月	湖南省制造强省办、经信委	筛选出包括工程机械在内的20个新兴优势产业链，作为湖南省制造强省建设重点产业发展的核心任务。指出未来5年工程机械行业发展的主要目标和任务，主要任务包括关键技术和设备装备突破、产业链重点企业培育、产业链特色基地（园区）建设、重大项目推进四个方面
《湖南工业新兴优势产业链推进方案》	2017年6月	湖南省制造强省办	指出工程机械产业链发展的重点是提升产业链中游一般零部件研发和生产水平，补充发展产业链中游的液压泵、控制阀等关键零部件，延伸产业链下游环境，建立工程机械物流中心。主要措施包括引进和培育零部件生产企业、研发新能源产品、开展工程机械智能工程建设试点、支持开拓新兴领域、加快后市场服务平台建设、构建信息和人才服务平台、加大政策支持力度等
《关于加快推进工业新兴优势产业链发展的意见》	2017年9月	湖南省委办、省政府办	聚焦工程机械等20个工业新兴优势产业链，进一步补链、强链、延链，打造在全国有影响力有地位的产业集群、产业高地、领军企业和核心品牌。工程机械产业链建设的重点基地（园区）为长沙经开区·工程机械产业基地，重点企业为中联重科、三一重工、山河智能、铁建重工、泰富重装等

续表

规划或政策名称	出台时间	发布部门	相关要点
《长沙建设国家智能制造中心三年行动计划(2018—2020年)》	2017年7月	长沙市委、市政府	提出2020年长沙将形成一批智能制造示范企业,大力推动智能工程机械等装备及产品“走出去”,并且明确将重点打造“浏长宁”制造业产业带,推动园区的转型升级,提升国家级和省级园区的集聚水平,发挥示范、带动作用。其中,各园区智能制造涉及工程机械有长沙经开区和宁乡高新区,长沙经开区将重点建设以工程机械等先进装备制造业为主的智能制造产业示范区,宁乡高新区将重点建设以工程机械和电力装备为主的智能制造产业基地
《关于加快推进长沙市工业新兴及优势产业链发展的意见》	2017年	长沙市委、市政府	长沙将聚焦工程机械等22个工业新兴及优势产业链,进一步建链、强链、补链,做大做强一批优势特色产业
《湘潭市制造强市五年行动计划(2017—2021年)》	2017年3月	湘潭市政府	提出重点发展先进工程矿山装备,重点支持江麓、湘电重装等企业加大技术研发力度,鼓励企业间全产业链发展,鼓励整机企业与配套企业联合攻关。重点发展混凝土机械装备、压实与路面机械装备、工程与建筑起重机械装备
《中共湘潭市委湘潭市人民政府关于推进科学赶超发展加快富民强市的决定》	2017年4月	湘潭市委、市政府	提出立足产业基础和产业优势,做大做优做强标志性骨干企业,鼓励企业兼并重组、强强联合,加快形成矿山装备与工程机械等产业集群

附录2　三一重工和中联重科的衍生企业对应序号

1	三一汽车制造有限公司	22	长沙浦沅工业气体有限公司
2	湖南三一搅拌车有限公司	23	长沙高新技术产业开发区中旺实业有限公司
3	三一汽车起重机械有限公司	24	湖南中联国际贸易有限责任公司
4	三一帕尔菲格特种车辆装备有限公司	25	中联重科物料输送设备有限公司
5	湖南中泰设备工程有限公司	26	长沙浦沅工程机械配件贸易有限公司
6	长沙盛源房地产有限公司	27	长沙浦沅进出口有限公司
7	湖南三一泵送机械有限公司	28	长沙浦沅废旧物资有限公司
8	湖南三一搅拌设备有限公司	29	长沙中联消防机械有限公司
9	湖南三一路面机械有限公司	30	长沙中联置业发展有限公司
10	三一工学院股份有限公司	31	湖南新中宸机械制造有限公司
11	湖南三一维修服务有限公司	32	湖南中宸钢品制造工程有限公司
12	湖南三一智能控制设备有限公司	33	长沙中联工程机械再制造有限公司
13	湖南三一物流有限责任公司	34	湖南中联重科履带起重机有限公司
14	三一汽车金融有限公司	35	长沙中联重科二手设备销售有限公司
15	湖南新裕钢铁有限公司	36	中联重科机制砂设备(湖南)有限公司
16	湖南三一众创孵化器有限公司	37	湖南中联重科智能技术有限公司
17	湖南三一创业投资管理有限公司	38	湖南中联工程机械有限责任公司
18	湖南三一文化产业有限公司	39	长沙浦沅设备租赁有限公司
19	三一住工有限公司	40	中联重科集团财务有限公司
20	中一联合装备股份有限公司	41	长沙建联设备租赁服务有限责任公司
21	湖南三湘银行股份有限公司		

参考文献

[1]工业和信息化部就《关于进一步促进产业集群发展的指导意见》答记者问[EB/OL].(2015-07-23)[2019-4-10]. http://www.gov.cn/xinwen/2015-07/23/content_2901518.htm.

[2]王缉慈.超越集群:中国产业集群的理论探索[M].北京:科学出版社,2010:2-20,80-86.

[3]黄滔.着力将湖南工程机械产业集群培育成世界级产业集群[EB/OL].(2018-12-15)[2019-4-10]. http://news.d1cm.com/20181217101004.shtml.

[4]BECATTINI G. The Marshallian industrial district as a socio-economic notion[A]//PYKE F, BECATTINI G, SENGENBERGER W. Industrial districts and inter-firm co-operation in Italy. Geneva: International Institute for Labour Studies (IILS), 1990:31-57.

[5]PORTER M E. The competitive advantage of nations[M]. New York: Free Press, 1990.

[6]PORTER M E. Cluster and the new economics of competition[J]. Harvard Business Review, 1998, 76(6):77-90.

[7]MARTIN R, SUNLEY P. Deconstructing clusters: chaotic concept or policy panacea[J]. Journal of Economic Geography, 2003(3):5-35.

[8]GORDON I R, MCCANN P. Industrial clusters: complexes, agglomeration and/or social networks[J]. Urban Studies, 2000(37):513-532.

[9]巴泽尔.产业集群研究的新视角[J].世界地理研究,2005,14(1):1-8.

[10]刘松,李朝明.基于产业集群的企业协同知识创新内在机理研究[J].科技管理研究,2012(2):135-138.

[11]OECD. Boosting Innovation: the cluster approach[R]. Paris: OECD, 1999.

[12]仇保兴.发展小企业集群要避免的陷阱:过度竞争所致的“柠檬市场”[J].北京大学学报(哲学社会科学版),1999,36(1):25-29.

[13]MACKINNON D, CUMBERS A. An introduction to economic geography: globalization, uneven development and place[M]. Hampshire: Prentice Hall, 2007:235-236.

[14]LEYSHON A,LEE R,MCDOWELL L,et al. The SAGE handbook of economic geography[M]. London:SAGE Publications Ltd,2012:275 - 276.

[15]寇,凯利,杨伟聪. 当代经济地理学导论[M]. 刘卫东,马丽,张晓平,等译. 北京:商务印书馆,2012:112.

[16]AOYAMA Y,MURPHY J T,HANSO S. Key concepts in economic geography [M]. London:SAGE Publications Ltd,2011:89.

[17]MARTIN R L,SUNLEY P J. Path dependence and regional economic evolution [J]. Journal of Economic Geography,2006(6):395 - 437.

[18]贺灿飞. 区域产业发展演化:路径依赖还是路径创造?[J]. 地理研究,2018,37(7):1253 - 1267.

[19]博西玛,马丁. 演化经济地理学手册[M]. 北京:商务印书馆,2016:75 - 81,205 - 271.

[20]BOSCHMA R. Do spinoff dynamics or agglomeration externalities drive industry clustering? a reappraisal of Steven Klepper's work[J]. Industrial and Corporate Change,2015,24(4):859 - 873.

[21]KLEPPER S. The origin and growth of industry clusters:the making of Silicon Valley and Detroit[J]. Journal of Urban Economics,2010(67):15 - 32.

[22]DICKEN P,KELLY P E,OLDS K,et al. Chains and networks,tenritories and scales:towards a relational framework for analysing theglobal eornomy [J]. Global Networks,2001(1):89 - 112.

[23]MARKUSEN A. Sticky places in slippery space:a typology of industrial districts [J]. Economic Geography,1996(72):294 - 314.

[24]AMIN A,THRIFT N. Neo-Marshallian nodes in global networks[J]. International Journal of Urban and Regional Research,1992(16):571 - 587.

[25]TRIPPL M,GRILLITSCH M,ISAKSEN A,et al. Perspectives on cluster evolution:critical review and future research issues[J]. European Planning Studies,2015,23(10):2028 - 2044.

[26]BOSCHMA R,FORNAHL D. Cluster evolution and a roadmap for future research[J]. Regional Studies,2011,45(10):1295 - 1298.

[27]BELUSSI F,SEDITA S. Life cycle vs. multiple path dependency in industrial districts[J]. European Planning Studies,2009,17(4):505 - 528.

[28]MARTIN R. Roepke lecture in economic geography-rethinking regional path dependence:beyond lock-in to evolution[J]. Economic Geography,2010,86(1):1 - 28.

[29]PARKER R. Evolution and change in industrial clusters:an analysis of

Hsinchu and Sophia Antipolis[J]. European Urban and Regional Studies, 2010,17(3):245 - 260.

[30]BERGMAN E M. Cluster life cycles:an emerging synthesis[A]//KARLSSON C. Handbook of research on cluster theory. Cheltenham:Edward Elgar,2008.

[31]BRENNER T. Local industrial clusters:existence,emergence,and evolution [M]. London and New York:Routledge,2004:8 - 67.

[32]MENZEL M P,FORNAHL D. Cluster life cycles-dimensions and rationales of cluster evolution[J]. Industrial and Corporate Change,2009,19(1):205 - 238.

[33]盖文启. 创新网络:区域经济发展新思维[M]. 北京:北京大学出版社,2002:37 - 40.

[34]TICHY G. Clusters:less dispensable and more risky than ever[A]// STEINER M. Clusters and regional specialization. London:Pion Limited,1998.

[35]VAN KLINK A,DE LANGEN P. Cycles in industrial clusters:the case of the shipbuilding industry in the Northern Netherlands[J]. Tijdschrift Voor Economische En Sociale Geografie,2001(92):449 - 463.

[36]李琳,熊雪梅. 产业集群生命周期视角下的地理邻近对集群创新的动态影响:基于对我国汽车产业集群的实证[J]. 地理研究,2012,31(11):2017 - 2030.

[37]杜军,王许兵. 基于产业生命周期理论的海洋产业集群式创新发展研究[J]. 科技进步与对策,2015,32(24):56 - 61.

[38]LI P F,BATHELT H,WANG J C. Network dynamics and cluster evolution:changing trajectories of the aluminium extrusion industry in Dali,China[J]. Journal of Economic Geography,2012(12):127 - 155.

[39]TER WAL A L,BOSCHMA R. Co-evolution of firms,industries and networks in space[J]. Regional Studies,2011,45(7):919 - 933.

[40]MITCHELL W,SINGH K. Survival of businesses using collaborative relationships to commercialize complex goods[J]. Strategic Management Journal,1996(17):169 - 195.

[41]池仁勇,郭元源,段姗,等. 产业集群发展阶段理论研究[J]. 软科学,2005(5):1 - 3.

[42]BATHELT H,MALMBERG A,MASKELL P. Clusters and knowledge:local buzz,global pipelines and the process of knowledge creation[J]. Progress in Human Geography,2004(28):31 - 56.

[43]MALMBERG A,MASKELL P. The elusive concept of localization economics:towards a knowledge-based theory of spatial clustering[J]. Environment Planning A,2002(34):429 - 449.

[44]BATHELT H. Toward a multidimensional conception of clusters:the case of the Leipzig media industry,Germany[M]// POWER D,SCOTT A J. Cultural industries and the production of culture. Abingdon and New York:Routledge, 2004:147 - 168.

[45]BATHELT H. Cluster relations in the media industry:exploring the distanced neighbour' paradox in Leipzig[J]. Regional Studies,2005,39(1):105 - 127.

[46]BATHELT H,TAYLOR M. Clusters,power and place:inequality and local growth in time-space[J]. Geografiska Annaler,2002(84B):93 - 109.

[47]BATHELT H. The re-emergence of a media industry cluster in Leipzig[J]. European Planning Studies,2002,10(5):583 - 611.

[48]DEPNER H,BATHELT H. Exporting the german model:the establishment of a new automobile industry cluster in Shanghai[J]. Economic Geography, 2005,81(1):53 - 81.

[49]曾刚,文婷. 上海浦东信息产业集群的建设[J]. 地理学报,2004,59(增刊): 59 - 66.

[50]SIMMIE J,MARTIN R. The economic resilience of regions:towards an evolutionary approach[J]. Cambridge Journal of Regions,Economy and Society,2010,3(1): 27 - 43.

[51]李连刚,张平宇,谭俊涛,等. 区域经济弹性视角下辽宁老工业基地经济振兴过程分析[J]. 地理科学,2019,39(1):116 - 124.

[52]MARTIN R,SUNLEY P. On the notion of regional economic resilience: conceptualization and explanation[J]. Journal of Economic Geography,2015, 15(1):1 - 42.

[53]SKALHOLT A,THUNE T. Coping with economic crises-the role of clusters[J]. European Planning Studies,2014,22(10):1993 - 2010.

[54]WATERS R. Clusters and resilience:economic growth in Oxfordshire and Cambridgeshire[J]. International Journal of Global Environmental Issues, 2015,14(1/2):132-150.

[55]MARTIN R,SUNLEY P,GARDINER B,et al. How regions react to recessions: resilience and the role of economic structure[J]. Regional Studies,2016,50(4): 561 - 585.

[56]BOSCHMA R. Towards an evolutionary perspective on regional resilience [J]. Regional Studies,2015,49(5):733 - 751.

[57]CHRISTOPHERSON S,MICHIE J,TYLER P. Regional resilience:theoretical and empirical perspectives[J]. Cambridge Journal of Regions,Economy and

Society,2010,3(1):3－10.

[58]HERVAS-OLIVER J L,JACKSON I,TOMLINSON P R. May the ovens never grow cold: regional resilience and industrial policy in the north staffordshire ceramics industrial district-with lessons from sassoulo and castellon [J]. Policy Studies,2011,32(4):377－395.

[59] MARTIN R. Regional economic resilience, hysteresis and recessionary shocks[J]. Journal of Economic Geography,2012,12(1):1－32.

[60]FRENKEN K, VAN OORT F, VERBURG T. Related variety, unrelated variety and regional economic growth[J]. Regional Studies,2007,41(5):685－697.

[61]MENZEL M P,FORNAHL D. Cluster life cycles-dimensions and rationales of cluster evolution [J]. Industrial and Corporate Change, 2010, 19 (1), 205－238.

[62]胡晓辉,张文忠. 制度演化与区域经济弹性:两个资源枯竭型城市的比较[J]. 地理研究,2018,37(7):1308－1319.

[63]王琛,郭一琼. 地方产业抵御经济危机的弹性影响因素:以电子信息产业为例[J]. 地理研究,2018,37(7):1297－1307.

[64]徐媛媛,王琛. 金融危机背景下区域经济弹性的影响因素:以浙江省和江苏省为例[J]. 地理科学进展,2017,36(8):986－994.

[65]BRISTOW G. Resilient regions:re-'place'ing regional competitiveness[J]. Cambridge Journal of Regions,Economy and Society,2010,3(1):153－167.

[66]BATHELT H, MUNRO A K, SPIGEL B. Challenges of transformation: innovation,re-bundling and traditional manufacturing in Canada's technology triangle[J]. Regional Studies,2013,47(7):1111－1130.

[67]王泽宇,王焱熙. 中国海洋经济弹性的时空分异与影响因素分析[J]. 经济地理,2019,39(2):139－145,151.

[68]张俊威,姜霞. 武汉市经济韧性水平测度及提升对策研究[J]. 价值工程,2019(28):146－150.

[69]齐昕,张景帅,徐维祥. 浙江省县域经济韧性发展评价研究[J]. 浙江社会科学,2019(5):40－46,156.

[70]杜志威,金利霞,刘秋华. 产业多样化、创新与经济韧性:基于后危机时期珠三角的实证[J]. 热带地理,2019,39(2):170－179.

[71]李连刚,张平宇,关皓明,等. 基于 Shift-Share 的辽宁老工业基地区域经济弹性特征分析[J]. 地理研究,2019,38(7):1807－1819.

[72]关皓明,张平宇,刘文新,等. 基于演化弹性理论的中国老工业城市经济转型过程比较[J]. 地理学报,2018,73(4):771－783.

[73]SUIRE R,VICENTE J. Clusters for life or life cycles of clusters:in search of the critical factors of cluster resilience[J]. Entrepreneurship and Regional Development,2014,26(1):142-164.

[74]孟祥芳,汪波.基于弹性相关因素分析的集群可持续发展研究[J].科学学与科学技术管理,2014,35(8):49-56.

[75]罗黎平.协同治理视角下的产业集群韧性提升研究[J].求索,2018(6):43-50.

[76]AUDRETSCH D B,FELDMAN M P. R&D spillovers and the geography of innovation and production[J]. American Economic Review,1996(86):630-640.

[77]ELLISON G,GLAESER E L. Geographic concentration in US manufacturing industries:a dartboard approach[J]. Journal of Political Economy,1997(105):889-927.

[78]DUMAIS G,ELLISON G,GLAESER E. Geographic concentration as a dynamic process[R]. NBER Working Paper,1997:6270.

[79]ROSENTHAL S,STRANGE W C. The determinants of agglomeration[J]. Journal of Urban Economics,2001(50):191-229.

[80]GLAESER E L,KERR W R. Local industrial conditions and entrepreneurship: how much of the spatial distribution can we explain? [J]. Journal of Economics and Management Strategy,2009(18):623-663.

[81]ELLISON G,GLAESER E,KERR W. What causes industry agglomeration? evidence from coagglomeration patterns[J]. American Economic Review,2010(100):1195-1213.

[82]JOFRE-MONSENY J,MARíN-LóPEZ R,VILADECANS-MARSAL E,et al. The mechanisms of agglomeration:evidence from the effect of inter-industry relations on the location of new firms[J]. Journal of Urban Economics,2011(70):61-74.

[83]FIGUEIREDO O,GUIMARãES P,WOODWARD D. Industry localization, distance decay,and knowledge spillovers:following the patent paper trail[J]. Journal of Urban Economics,2015(89):21-31.

[84]ARIAS M,ATIENZA M,CADEMARTORI J. Large mining enterprises and regional development in Chile:between the enclave and cluster[J]. Journal of Economic Geography,2014(14):73-95.

[85]HOWARD E,NEWMAN C,TARP F. Measuring industry coagglomeration and identifying the driving forcesr[J]. Journal of Economic Geography,2016

(16):1055－1078.

[86] BOSCHMA R, FRENKEN K. Technological relatedness and regional Branching[M]// BATHELT H, FELDMAN M P, KOGLER D F. Beyond territory: dynamic Geographies of knowledge creation, disusion, and innovation. London: Routledge, 2011: 64－81.

[87] BINZ C, TRUNER L, COENEN L. Path creation as a process of resource alignment and anchoring: industry formation for on-site water recycling in Bejing[J]. Economic Geography, 2015, 92(2): 172－200.

[88] KRUGMAN P. First nature, second nature, and metropolitan location[J]. Journal of Regional Science, 1993, 33(2): 129－144.

[89] MASKELL P, MALMBERG A. Myopia, knowledge development and cluster evolution[J]. Journal of Economic Geography, 2007, 7(5): 603－618.

[90] WOLFE D A, GERTLER M S. Local antecedents and trgger events: plocy implications of path dependence for cluster formation[M]//BRAUNER-HJELM P, FELDMAN M. Cluster genesis: technology-based industrial development. Oxford: Oxford University Press, 2006: 243－263.

[91] SAYER A. Method in social science: a realist approach[M]. London: Routledge, 1992.

[92] HENNING M, STAM E, WENTING R. Path dependence research in regional economic development: cacophony or knowledge accumulation? [J]. Regional Studies, 2013, 47(8): 1348－1362.

[93] SIMMIE J. Path dependence and new technological path creation in the danish wind power industry[J]. European Planning Studies, 2012, 20(5): 753－772.

[94] 王缉慈，童昕. 论全球化背景下的地方产业群：地方竞争优势的源泉[J]. 战略与管理，2001(6): 28－36.

[95] 魏后凯. 对产业集群与竞争力关系的考察[J]. 经济管理，2003(6): 4－11.

[96] 李学鑫，陈世强，薛诺稳. 中国农区文化创意产业集群形成演化的影响因素研究：以河南民权“画虎村”为例[J]. 地域研究与开发，2010, 29(2): 16－21.

[97] ARTHUR W B. Increasing returns and path dependence in the economy [M]. Ann Arbor: University of Michigan Press, 1994.

[98] AGARWAL R, ECHAMBADI R, FRANCO A M, et al. Knowledge transfer through inheritance: spin-out generation, development, and survival[J]. Academy of Management Journal, 2004, 47(4): 501－522.

[99] KLEPPER S. Employee startups in high-tech industries[J]. Industrial and Corporate Change, 2001(10): 639－674.

[100]KLEPPER S. The capabilities of new firms and the evolution of the US automobile industry[J]. Industrial and Corporate Change, 2002, 11(4): 645 - 666.

[101]SHANE S. Prior knowledge and the discovery of entrepreneurial opportunities [J]. Organization Science,2000(11):448 - 469.

[102]樊新生,李小建.欠发达地区产业集群演化分析:以河南长垣卫生材料产业集群为例[J].经济地理,2009,29(1):113 - 118.

[103]丁瑞,李同昇,李晓越,等.农业产业集群的演化阶段与形成机理分析:以宁夏中宁县枸杞加工产业为例[J].干旱区地理,2015,38(1):182 - 189.

[104]MOSSIG I,SCHIEBER L. Driving forces of cluster evolution-growth and lock-in of two German packaging machinery clusters[J]. European Urban and Regional Studies,2016,23(4):594 - 611.

[105]RANDELLI F,LOMBARDI M. The role of leading firms in the evolution of SME clusters:evidence from the leather products cluster in Florence[J]. European Planning Studies,2014(22):6,1199 - 1211.

[106]SONOBE T,HU D,OTSUKA K. Process of cluster formation in China:a case study of a garment town[J]. The Journal of Development Studies,2002 (39):1,118 - 139.

[107]罗军.传统平原农业区产业集群形成与演化机制研究[D].开封:河南大学,2008.

[108]苗长虹,魏也华.分工深化、知识创造与产业集群成长:河南鄢陵县花木产业的案例研究[J].地理研究,2009,28(4):853 - 864.

[109]黄丽君,罗辑.福建省临港产业集群形成机制与竞争优势[J].综合竞争力,2010(2):40 - 45.

[110]陆立军,郑小碧.基于共同演化的专业市场与产业集群互动机理研究:理论与实证[J].中国软科学,2011(6):117 - 129.

[111]袁丰,李丹丹.辽宁佟二堡皮革制造集群与专业市场共同演化[J].地理研究,2014,33(3):546 - 557.

[112]MORRISON A,RABELLOTTI R. When do global pipelines enhance the diffusion of knowledge in clusters? [J]. Economic Geography,2012,89(1): 77 - 96.

[113]BATHELT H. Geographies of production:growth regimes in spatial perspective (H) knowledge creation and growth in clusters[J]. Progress in Humran Geography,2005,29(2):204 - 216.

[114]OWEN-SMITH J,POWELL W W. Knowledge networks as channels and

conduits: the effects of spillovers in the Boston biotechnology community [J]. Organization Science, 2004, 15(1): 5 - 21.

[115]GRABHER G. The project ecology of advertising: tasks, talents and teams [J]. Regional Studies, 2002(36): 245 - 262.

[116]SCOTT A J. A new map of Hollywood: the production and distribution of American motion pictures[J]. Regional Studies, 2002(36): 957 - 975.

[117]苗长虹. 全球-地方联结与产业集群的技术学习:以河南许昌发制品产业为例[J]. 地理学报, 2006, 61(4): 425 - 434.

[118]文嫮. 基于全球性互动的地方产业网络发展研究:以上海浦东IC地方产业网络为例[J]. 当代经济管理, 2006, 28(4): 77 - 82.

[119]何金廖, 黄贤金, 司月芳. 产业集群的地方嵌入与全球生产网络链接:以上海文化创意产业园区为例[J]. 地理研究, 2018, 37(7): 1447 - 1459.

[120]林兰. 半层级式产业集群创新升级影响研究:基于技术权力的视角[J]. 人文地理, 2013, 28(6): 105 - 111.

[121] TAYLOR M. Enterprise, power and embeddedness: an empirical exploration [M]// VATNE E, TAYLOR M. The networked firm in a global world. Aldershot: Ashgate, 2000.

[122]张云逸, 曾刚. 技术权力影响下的产业集群演化研究:以上海汽车产业集群为例[J]. 人文地理, 2010(2): 120 - 124.

[123]邓峰. 核心企业网络权力对产业集群创新绩效的影响:基于网络运行效率的中介作用[J]. 科技进步与对策, 2015, 32(18): 58 - 63.

[124]凌守兴. 我国农村电子商务产业集群形成及演进机理研究[J]. 商业研究, 2015(1): 104 - 109.

[125]ISAKSEN A. Innovation dynamics of global competitive regional clusters: the case of the Norwegian centres of expertise[J]. Regional Studies, 2009, 43(9): 1155 - 1166.

[126]KLEPPER S. The origin and growth of industry clusters: the making of Silicon Valley and Detroit[J]. Journal of Urban Economics, 2010(67): 15 - 32.

[127]STURGEON T, BIESEBROECK J V, GEREFF G. Value chains, networks and clusters: reframing the global automotive industry[J]. Journal of Economic Geography, 2008(8): 297 - 321.

[128]刘友金. 产业集聚、集群与工程机械工业发展战略[J]. 求索, 2004(8): 4 - 7, 15.

[129]李松青, 吴蔚玲. 我国主要工程机械产业集群现状研究[J]. 现代商业, 2015(33): 36 - 37.

[130]刘友金，罗发友. 基于焦点企业成长的集群演进机理研究：以长沙工程机械集群为例[J]. 管理世界（月刊），2005(10)：159－161.
[131]刘异玲，吴蔚玲，李松青. 工程机械产业集群核心企业生态位测评研究[J]. 矿冶工程，2016，36(3)：112－116，120.
[132]付韬，冷永杰，杨志慧. 我国焦点企业核型集群共性问题研究：基于该类三大典型产业集群的对比分析[J]. 经济体制改革，2014(4)：100－104.
[133]刘友金. 产业集群竞争力评价量化模型研究[J]. 中国软科学，2007(9)：104－110，124.
[134]喻春光，刘友金. 产业集群竞争力定量评价 GEMN 模型及其应用[J]. 系统工程，2008，26(5)：90－94.
[135]唐绪兵，徐华亮. 基于供应链的产业集群核心能力研究：以长株潭地区工程机械产业为例[J]. 经济纵横，2008(6)：116－118.
[136]何燕子. 工程机械制造产业集群竞争力评价体系研究：以长株潭城市群为例[J]. 系统工程，2009，27(10)：123－126.
[137]杨水根. 产业链、产业集群与产业集群竞争力内在机理探讨：以湖南省工程机械产业集群为例[J]. 改革与战略，2011，27(3)：153－156.
[138]曹虹剑，李睿，贺正楚. 战略性新兴产业集群组织模块化升级研究：以湖南工程机械产业集群为例[J]. 财经理论与实践（双月刊），2016，37(200)：118－122.
[139]唐承丽，吴艳，周国华. 城市群、产业集群与开发区互动发展研究：以长株潭城市群为例[J]. 地理研究，2018，37(2)：292－306.
[140]冯阁. 冲出大三线：湖南省浦沅集团有限公司的突围之路[J]. 机电新产品导报，2003(1)：71－72.
[141] ISAKSEN A. Cluster emergence：combining pre-existing conditions and triggering factors [J]. Entrepreneurship & Regional Development，2016 (28)：9－10，704－723.
[142]彭白水，熊株陵. 浦沅印象[J]. 建设机械技术与管理，2005(4)：43－46.
[143]项后军. 产业集群中竞-合关系演化与核心企业创新[J]. 科学学与科学技术管理，2011，2011，32(2)：1－6.
[144]张广权，雷蕾，向彧姿. 工程机械：湖南的世界名片[J]. 发明与创新，2012(5)：8－16.
[145]只有自主创新才能问鼎世界[N]. 经济参考报，2008－03－12.
[146]何建国. 湖南工程机械产业面临的形势和任务[J]. 发明与创新，2012(5)：17－20.
[147]毛明芳，袁望冬. 湖南工程机械产业发展现状、形势与对策[J]. 湖南行政学院学报（双月刊），2015(2)：25－30.

[148]李银霞. 湖南工程机械产业加快转型升级步伐[J]. 新湘评论,2017(9):49-51.

[149]李琳,邓如. 产业生命周期视角下多维邻近性对集群创新的动态影响:以中国电子信息产业集群为例[J]. 软科学,2018,32(8):24-27,62.

[150]凌守兴. 我国农村电子商务产业集群形成及演进机理研究[J]. 商业研究,2015(1):104-109.

[151]赵建吉,王艳华,吕可文,等. 内陆区域中心城市金融产业集聚的演化机理:以郑东新区为例[J]. 地理学报,2017,72(8):1392-1407.

[152]ZLEM Ö,ÖZKARACALAR K. What accounts for the resilience and vulnerability of clusters? the case of Istanbul's film industry[J]. European Planning Studies,2011,19(3):361-378.

[153]孙久文,孙翔宇. 区域经济韧性研究进展和在中国应用的探索[J]. 经济地理,2017,37(10):1-9.

[154]BATHELT H. Geographies of production:growth regimes in spatial perspective (Ⅱ):knowledge creation and growth in clusters[J]. Progress in Human Geography,2005,29(2):204-216.

[155]张振,赵儒煜,杨守云. 东北地区产业结构对区域经济韧性的空间溢出效应研究[J]. 科技进步与对策,2020,37(5):37-46.

[156]林兰. 重化工业集群式创新机制与空间响应研究[J]. 地理学报,2016,71(8):1400-1415.

[157]刘友金. 长沙工程机械产业集群发展的现状、问题与对策[J]. 企业家天地,2005(12):4-7.

[158]第 72 期徐州工程机械产业集群发展之路[EB/OL]. (2014-03-03)[2019-4-10]. http://weekly. lmjx. net/2014/0303. html.

[159]以工程机械为主导的长沙制造业开始转型突围[EB/OL]. (2015-12-30)[2019-4-10]. http://info. cm. hc360. com/2015/12/301438609807. shtml.

[160]伍玲. 长沙工程机械产业浴火蝶变,打造世界级产业集群[N]. 长沙晚报,2018-09-24.

[161]王承云,秦健,杨随. 京津沪渝创新型城区研发产业集群研究[J]. 地理学报,2013,68(8):1097-1109.

[162]KRIPPENDORFF K. Content analysis:an introduction to its methodologe[M]. Beverly Hills,CA:Sage,1980:1-40.

[163]吕晓,牛善栋,黄贤金,等. 基于内容分析法的中国节约集约用地政策演进分析[J]. 中国土地科学,2015,29(9):11-18.

[164]促产业园区发展 建"四更"美丽长沙[EB/OL]. (2017-12-21)[2019-4-

10]. http://tjj. hunan. gov. cn/tjfx/sxfx/zss/201712/t20171218_4905726. html.

[165]陈黎明,李仁虎,刘璐璐."三剑客"屡创第 1,长沙离"工程机械之都"有多远[N].经济参考报,2008-03-12.

[166]张怀中.长沙经开区进军全国十强,打造工程机械之都[N].长沙晚报,2011-10-23.

[167]罗黎平.湖南工业新兴优势产业链发展亟待深化细化[N].湖南日报,2018-03-04.

[168]李瑞丽.核心企业在产业集群演化过程中的作用分析[J].科技与管理,2005(4):106-109.

[169]《建筑机械化》期刊编辑部.工程机械行业过去十年[J].建筑机械化,2014(2):30-38.

[170]2018 年中国工程机械行业现状及未来发展趋势分析[EB/OL].(2018-03-24)[2019-4-10]. http://www.6300.net/info/detail_196838.html.

[171]李占强,李广.开放式 R&D、R&D 网络与 R&D 能力的互动演进:跨案例的纵向比较研究[J].科学学与科学技术管理,2013,34(6):31-43.

[172]项后军.产业集群、核心企业与战略网络[J].当地财经,2007(7):86-89.

[173]CUTTER S L, BARNES L, BERRY M, et al. A place-based model for understanding community resilience to natural disasters[J]. Global Environmental Change,2008,18(4):598-606.

[174]MODICA M, REGGIANI A. Spatial economic resilience: overview and perspectives[J]. Networks & Spatial Economics,2015(15):211-233.

[175]黄满盈,邓晓虹.中国工程机械制造业转型升级影响因素研究:基于上市公司的经验证据[J].2013,29(4):91-97.

[176]王美霞,李民,周国华,等.武陵山片区县域经济空间格局演化与优化对策[J].经济地理,2015,35(11):45-53.

[177]吴玉鸣,张燕.中国区域经济增长与环境的耦合协调发展研究[J].资源科学,2008,30(1):25-30.

[178]BRENNER T, MÜHLIG A. Factors and mechanisms causing the emergence of local industrial clusters: a summary of 159 cases[J]. Regional Studies,2013,47(4):480-507.

[179]BOSCHMA A R, KNAAP V D. New high-tech industries and windows allocational opportunity: the role of labour markets and knowledge institutions during the industrial era[J]. Geografiska Annaler,1999,81B(2):73-89.

[180]吕可文,苗长虹,王静,等.协同演化与集群成长:河南禹州钧瓷产业集群的案

例分析[J]. 地理研究,2018,37(7):1320 - 1333.

[181]尹贻梅,刘志高,刘卫东. 路径依赖理论及其地方经济发展隐喻[J]. 地理研究,2012,31(5):782 - 791.

[182]茅仲文. 中国工程机械改革开放三十年(续)[J]. 建筑机械技术与管理,2008(8):70 - 72.

[183]吴义杰,何健. 产业集群的演化过程及形成机制[J]. 甘肃社会科学,2010(5):181 - 184.

[184]KRUGMAN P. Increasing returns and economic geography[J]. Journal of Political Economy,1991,99(3):483 - 499.

[185]张敏,刘凤根,高伟. 湖南现代工程机械产业群发展的动力机制分析[J]. 株洲工学院学报,2006,20(2):110 - 114.

[186]三一重工的选址之道[EB/OL]. (2013 - 03 - 18)[2019 - 4 - 10]. http://stock. hexun. com/2013 - 03 - 18/152192758. html.

[187]彭白水,何颖芳. 长株潭吹响中国工程机械制造"集结号"[J]. 建设机械技术与管理,2008(3):43 - 48.

[188]WOLFE D A, GERTLER M S. Clusters from the inside and out: local dynamics and global linkages[J]. Urban Studies,2016,41(5 - 6):1071 - 1093.

[189]DAHL M S, PEDERSEN C Ø R, DALUM B. Entry by spinoff in a high-tech cluster[R]. Copenhagen: Danish Research Unit for Industrial Dynamics (DRUID). Working Paper 2003.

[190]ALBINO V, GAXAVELLI A C, SCHIUMA G. Knowledge transfer and inter-firm relationships in industrial districts: the role of the leader firm[J]. Technovation,1998(1):53 - 63.

[191]杨凡,杜德斌,段德忠,等. 城市内部研发密集型制造业的空间分布与区位选择模式:以北京、上海为例[J]. 地理科学,2017,37(4):492 - 501.

[192]杜宇玮. 培育世界级先进制造业集群的中国方案[J]. 2018,25(3):10 - 19.

[193]王缉慈. 产业集群的创新之道[J]. 中国工业和信息化,2019(8):24 - 31.

[194]陈文丰. 加强原始创新,培育世界级产业集群[N]. 科技日报,2019 - 11 - 29.